Der Autor

Dr. Edward Bach (1886–1936) begründete die Bach-Blütentherapie, eine Heilmethode, die inzwischen weltweit Millionen Menschen geholfen hat. Er studierte an der Universität Cambridge Medizin und widmete sich der bakteriologischen Forschung bis ihn die Erfahrungen seiner eigenen Praxis und das Studium der Homöopathie zur Suche nach einer eigenen natürlichen Heilmethode anregten. In seinen wenigen nachgelassenen Schriften zu den Blüten, der Heilkraft der Natur und der homöopathischen Medizin offenbart er ein tiefes intuitives Verständnis um die geheimen Zusammenhänge zwischen Mensch und Natur. Dieser Auswahlband versammelt Dr. Bachs wichtigste Überlegungen zu seiner Therapie und unserem Umgang mit Krankheit und Gesundheit.

Die Herausgeberin

Mechthild Scheffer ist Heilpraktikerin und Autorin mehrerer erfolgreicher Werke über die Bach-Blütentherapie. Seit 1981 ist sie offizielle Repräsentantin und Lehrbeauftragte des Dr. Edward Bach Centre, England, für alle deutschsprachigen Länder. Mechthild Scheffer führt die Institute für Bach-Blütentherapie in Hamburg, Wien und Zürich und hält international Vorträge und Seminare zum Thema.

Zur Bach-Blütentherapie sind in unserem Hause erschienen:

Mechthild Scheffer, Bach-Blütentherapie – Theorie und Praxis
Edward Bach, Blumen, die durch die Seele heilen

Dr. Edward Bach

Blumen,
die durch die Seele heilen

Ausgewählte Originalschriften –
zusammengestellt und eingeführt von
Mechthild Scheffer

Ullstein

Besuchen Sie uns im Internet:
www.ullstein-taschenbuch.de

Ullstein Esoterik
Herausgegeben von Michael Görden

Umwelthinweis:
Dieses Buch wurde auf chlor- und säurefreiem Papier gedruckt.

Ullstein ist ein Verlag der Ullstein Buchverlage GmbH, Berlin.
Neuausgabe
1. Auflage November 2004
Dieses Buch basiert auf dem Titel *Edward Bach,
Blumen, die durch die Seele heilen –
Die wahren Ursachen von Krankheit, Diagnose und Therapie*
© der Originalausgabe 1981 by Heinrich Hugendubel Verlag,
Kreuzlingen/München
Copyright dieser neu zusammengestellten Ausgabe
(Näheres siehe Quellenverzeichnis)
© 2004 by Ullstein Buchverlage GmbH, Berlin
© 2002 by Wilhelm Heyne Verlag GmbH & Co. KG, München
Umschlaggestaltung: FranklDesign, München
Titelabbildung: Gudrun Rössner, München
Druck und Bindearbeiten: Ebner & Spiegel, Ulm
Printed in Germany
ISBN 3-548-74163-0

Inhalt

Vorwort von Mechthild Scheffer
Back to the roots – Zurück zu den Wurzeln ... 7

1 **Edward Bach – Forschergeist und Altruismus** 11

2 **Die Geschichte der Wanderer** 19

3 **Die zwölf Heiler und andere Heilmittel** 25
   Einführung 27
   Für diejenigen, die Angst haben 29
   Für diejenigen, die an Unsicherheit leiden 31
   Für diejenigen, die ein ungenügendes Interesse für Gegenwartssituationen haben ... 33
   Für diejenigen, die einsam sind 36
   Für diejenigen, die überempfindlich sind gegenüber Einflüssen und Ideen 37
   Für diejenigen, die unter Mutlosigkeit und Verzweiflung leiden 39

Inhalt

    Für diejenigen, die um das Wohl anderer
allzu besorgt sind 43

    Methoden der Dosierung 45

    Methoden der Herstellung 46

4 Heal thyself – Heile dich selbst 49

Anhang 119

Pflanzennamen in Englisch, Deutsch und
Lateinisch 121

Edward Bach 123

Mechthild Scheffer 126

Adressen 127

Quellenverzeichnis 128

Vorwort von Mechthild Scheffer

Back to the roots – Zurück zu den Wurzeln

Je bekannter eine neue Entdeckung oder Methode wird, desto vielfältiger und auch verwirrender wird darüber berichtet. Das erweckt früher oder später bei ernsthaft Interessierten den Wunsch, zurück zur Quelle zu gehen, um sich an den Geist des Urhebers wieder anzuschließen. Diese Entwicklung sah Edward Bach voraus und wollte es seinen Schülern einfach und leicht machen.

Er hinterließ seine Werke in einfach zu lesenden kurzen Schriften, die jedermann verstehen kann (»Simplicity« ist das Grundprinzip der Bach-Blütentherapie).

Edward Bach machte es leicht, indem er nur die jeweils letzten Ausgaben seiner Werke zur Veröffentlichung frei gab. Alle Vorstufen dazu verbrannte er bzw. bat seine Nachfolger, sie zu vernichten, »da sie künftige Leser nur verwirren bzw. in die Irre leiten würden«. Dies geschah leider nicht vollständig, sodass heute doch von ihm nicht autorisierte, inhaltlich teilweise überholte Fassungen einiger seiner Werke auf dem Markt sind.

Vorwort von Mechthild Scheffer

Edward Bach, der schon von Zeitgenossen als Paracelsus des 20. Jahrhunderts bezeichnet wurde, schwankte als junger Mann längere Zeit, ob er Medizin oder Theologie studieren sollte. Als praktisch veranlagter Mensch entschloss er sich zwar für das Medizinstudium, entwickelte dann aber eine Therapie, die mehr will, als körperliche Krankheiten zu heilen.

Er erkannte, dass Krankheit im Prinzip nicht von außen, auch nicht im Körper, sondern auf einer feineren Ebene verursacht wird; nämlich durch ein »Missverständnis« zwischen dem **Ich** oder unserer **Persönlichkeit** und unserem eigentlichen göttlichen Wesenskern, der **Seele** bzw. dem **Höheren Selbst.** Sein Ziel war, diese Missverständnisse aufzuklären und die daraus resultierenden »negativen Seelenzustände« und körperlichen Krankheitssymptome mithilfe wild wachsender Pflanzen wieder aufzuheben. Mit diesem therapeutischen Konzept zielt Bach über die Grenzen der Einzelpersönlichkeit hinein in eine übergeordnete Dimension und geht über alle bekannten westlichen Medizin-Systeme seit Paracelsus hinaus.

Folgerichtig hinterließ er zwei grundlegende, knapp gefasste Werke:
◆ *Heile dich selbst,* in dem er sein philosophisch-spirituelles Konzept, die geistigen Grundlagen der Original Bach-Blütentherapie darlegt (hier veröf-

fentlicht in der letzten, von ihm autorisierten Fassung von 1931).
- *Die zwölf Heiler und andere Heilmittel*, in dem er die 38 Blütenmittel, ihre Anwendung und die Herstellungsmethoden kurz beschreibt (hier veröffentlicht in der letzten, von ihm autorisierten Fassung von 1936; noch ohne die Beschreibung von Rescue Remedy, welche von seinen Nachfolgern späteren Fassungen hinzugefügt wurde).

Den Aufsatz »Die Geschichte der Wanderer« (1934) haben wir den *Zwölf Heilern* vorangestellt, um auch die kreative Seite der Persönlichkeit von Edward Bach lebendig werden zu lassen.

Viele Bach-Freunde kennen den Namen Nora Weeks. Aber nicht längst alle wissen um ihre Bedeutung für die Existenz der Original Bach-Blütentherapie. Edward Bach und Nora Weeks verband ihre Einfachheit, Natürlichkeit, Intuition und eine große Ehrfurcht vor der Schöpfung und dem Schöpfer. Als seine engste Mitarbeiterin bei der Entdeckung der Pflanzen und auch bei der Formulierung seiner Erkenntnisse ermöglichte sie es, dass er sein Werk vollenden konnte. Niemand könnte den Menschen Edward Bach und die Entstehung seines Werks authentischer beschreiben als sie.

Siehe auch das Kapitel »Edward Bach – Forschergeist und Altruismus«.

Vorwort von Mechthild Scheffer

Als Edward Bach 1936 starb, hinterließ er seine Therapie sozusagen als zarte Pflanze, die inzwischen zu einem starken Baum herangewachsen ist. Das verwundert nicht, geht es doch hier um das vielleicht wichtigste kollektive Krankheitssymptom unserer Zeit, den Verlust unseres seelischen Gleichgewichtes.

Alle, die in diesem Buch zum ersten Mal über die Bach-Blütentherapie lesen und mehr über ihre aktuelle Entwicklung erfahren wollen, verweise ich auf folgende Bücher:

Zur Einführung: Mechthild Scheffer, *Selbsthilfe durch Bach-Blütentherapie,* München 1988

Das Standardwerk in deutscher Sprache: Mechthild Scheffer, *Die Original Bach-Blütentherapie. Das gesamte theoretische und praktische Blütenwissen,* München 1999

1 Edward Bach – Forschergeist und Altruismus

1 Edward Bach – Forschergeist und Altruismus

Der englische Arzt Dr. Edward Bach (geboren 1886 in einem kleinen Städtchen in der Nähe von Birmingham; gestorben 1936 in Sotwell, wo sich heute noch das Dr. Bach Centre befindet), hatte seine Studien an der Universität Cambridge erfolgreich abgeschlossen. Nach einer umfassenden Spezialausbildung, die er mit vier weiteren Diplomen beendete, wandte sich Dr. Bach zunächst der bakteriologischen Forschung innerhalb der orthodoxen Medizin zu, wo er durch seine hervorragenden Forschungsergebnisse bekannt wurde. Die starken Charakterzüge seiner Persönlichkeit begannen jedoch bald sein Schaffen zu beeinflussen und seinen weiteren Lebensweg zu bestimmen. Vor allem seine große Liebe zum leidenden Mitmenschen trieb seine Arbeit voran und öffnete ihm die Augen für die ›wahren Ursachen des Krankseins‹. Seine ausgezeichnete Beobachtungsgabe und große Konzentrationskraft ließen Edward Bach tiefe Menschenkenntnis entwickeln. Dazu kam als ideale Ergänzung seine Liebe zur reinen Natur, in der er zum Verständnis der großen Zusammenhänge in Gottes Schöpfung fand und die außerordentliche Einfachheit in ihr entdeckte. Diese Einfachheit sollte später der Schlüssel zu Bachs Lebensziel werden, das in dem ausgeprägten Wunsche bestand, der leidenden Menschheit durch ein allereinfachstes, jedermann zugängliches Heilverfahren zu helfen.

So begann er schon bald, seiner Arbeit innerhalb der orthodoxen Medizin eine bestimmte Ausrichtung zu geben. Mit aller Sorgfalt spürte er den inneren, seelischen Schwierigkeiten seiner Patienten nach und versuchte den wirklichen Ursachen der körperlichen Erkrankung auf die Spur zu kommen. Stundenlang konnte er an Krankenbetten sitzen und den Kranken zuhören, um so die inneren Nöte und Schwierigkeiten seiner Mitmenschen kennen zu lernen.

Einige Zeit später kam er in Kontakt mit der homöopathischen Medizin und den Schriften Hahnemanns und fand darin zu seiner großen Freude die eigenen Erkenntnisse bestätigt. Die Ähnlichkeit zwischen Hahnemanns Entdeckungen und den seinen beeindruckte ihn sehr. In dem Grundsatz: »Behandle den Patienten und nicht die Krankheit!« fühlte sich Dr. Bach mit Hahnemann eins. Die Begegnung mit der Homöopathie öffnete in seinen eigenen Forschungen neue Perspektiven.

Zunächst widmete sich Dr. Bach einer weiteren Form bakteriologischer Forschungsarbeit am ›Königlichen Londoner Homöopathischen Krankenhaus«. Sein besonderes Interesse galt hier der Erforschung der menschlichen Darmflora. Und es gelang ihm, aus der großen Vielfalt von Darmbakterien sieben spezifische Gruppen herauszufinden. Dabei machte er die Entdeckung, dass jeder dieser Hauptgruppen – wenn sie in der Darmflora eines Patienten vorherrschend waren – eine ganz bestimmte menschliche Persönlichkeitsstruktur zugeschrieben werden konnte. In der Folge entwickelte er eine auf der homöopathischen Methode basierende, orale Impftherapie. Es entstanden die sieben berühmten Bach-Nosoden. Hunderte von chronischen Fällen wurden mit außergewöhnlichem Erfolg behandelt. Die Bestätigung seiner unermüdlichen Forschung war da. In der praktischen Anwendung zeigte es sich immer deutlicher, dass alle jene Patienten, die unter den gleichen emotionalen und psychischen Schwierigkeiten litten, auch stets auf die gleichen Nosoden ansprachen, und zwar ohne Rücksicht auf die Art ihrer körperlichen Beschwerden.

Von dieser Zeit an verschrieb Dr. Bach seine Nosoden nur noch unter sorgfältiger Beachtung der Persönlichkeitsstruktur des Patienten und der daraus resultierenden akuten Gefühlszustände. Die Erfahrung gab ihm wiederum Recht, und so festigte sich in ihm die Überzeugung, dass die körperlichen Krankheiten ihren Ursprung in der menschlichen Psyche haben. Im

Blumen, die durch die Seele heilen

Krankheitsbild erkannte er die ›Konsolidierung einer bestimmten seelischen Haltung‹ des Menschen.

Trotz des großen Erfolges und seiner zunehmenden Berühmtheit spürte Dr. Bach, dass er die ideale Medizin noch nicht gefunden hatte. Ihn zog es immer mehr weg von den Bakterien zu den reinen Heilkräften der Natur. Bei jeder sich bietenden Gelegenheit verließ er das Labor für einige Stunden oder gönnte sich einen Tag auf dem Lande oder am Meer. Mit der ganzen Kraft seiner Intuition suchte er in dieser Zeit nach Pflanzen und Kräutern, die mit ihren natürlichen Heilkräften seine 7 bakteriellen Nosoden ersetzen könnten. Hier in der Natur erkannte Dr. Bach, dass ihm sein wissenschaftlich geschulter Intellekt nicht mehr weiterhelfen konnte und er sich ganz der inneren Erkenntnis und Führung überlassen musste. Dies veranlasste ihn, im Jahre 1930 seine eigene Praxis und seine wissenschaftliche Arbeit in London aufzugeben und praktisch ohne Mittel (Dr. Bach hatte all seine finanziellen Mittel für die wissenschaftliche Forschung aufgewandt) aufs Land hinauszuziehen. Hier, inmitten der noch gesunden Natur, widmete er sich ausschließlich der Suche nach den wirksamsten Heilkräften in wilden Blumen, Sträuchern und Bäumen. In dieser Zeit entdeckte Dr. Bach auch seine berühmte ›sun-method‹ (Sonnenmethode), mit der es ihm gelang, unter Zuhilfenahme der reinen Sonnenstrahlung die Heilkräfte der wilden Blumen direkt, also ohne Substanzentnahme wie bei der Homöopathie, auf das frische Quellwasser zu übertragen. Für die wilden Blüten der Bäume benützte er seine ›boiling-method‹ (Kochmethode) zum selben Zweck.

In den nun folgenden Jahren bis zu seinem Heimgang suchte und fand Dr. Bach für die leidende Menschheit eine neue, strahlende Möglichkeit der Selbstheilung. So erprobte er nach und nach die Wirkung von 38 auf seine Art hergestellten Blüten-Konzentraten. Besonders in den letzten Jahren seines Lebens kam es vor, dass er oft den negativen Gemütszustand, für den er das Mittel suchte, auf sich nehmen musste. Hatte er die richtige Blüte gefunden, wurde er aus diesem Zustand erlöst. In seiner Schrift ›Die 38 Heiler‹ beschreibt Dr. Bach in einfacher Weise die hauptsächlichen, negativen Zustände der Psyche und die entsprechenden Blüten-Konzentrate. Zusammen mit seiner Philosophie ›Heile Dich selbst‹ finden wir hier sein bleibendes Testament für uns alle. (Nora Weeks)

2 Die Geschichte der Wanderer (1934)

2 Die Geschichte der Wanderer

Es war einmal vor langer Zeit, da machten sich 16 Wanderer auf die Reise durch einen Wald.

Zunächst ging alles gut, aber nachdem sie ein ziemliches Stück Weg zurückgelegt hatten, begann sich einer von ihnen, nämlich der Odermennig, Sorgen zu machen, ob sie auch auf dem richtigen Weg waren. Später am Nachmittag, als es immer dunkler wurde, bekam die Gefleckte Gauklerblume Angst, sie hätten ihren Weg verloren.

Als die Sonne unterging und es immer dunkler wurde und die nächtlichen Geräusche des Waldes erklangen, bekam das Gemeine Sonnenröschen große Furcht und geriet in Panik. Mitten in der Nacht, als alles stockfinster war, verlor der Stechginster alle Hoffnung und sagte: »Ich kann nicht mehr weiter. Geht ihr nur, aber ich bleibe hier, wo ich bin, bis mich der Tod von meinem Leiden erlöst.«

Die Eiche andererseits, obwohl auch sie jede Hoffnung verloren hatte und glaubte, sie würde den Sonnenschein nie mehr wiedersehen, meinte: »Ich werde bis zum letzten Augenblick kämpfen«, und sie kämpfte verbissen weiter.

Der Einjährige Knäuel hatte noch eine schwache Hoffnung, aber bisweilen litt er so stark unter Unsicherheit und Unentschlossenheit, wollte einmal den Weg einschlagen und gleich darauf den anderen. Die Gemeine Waldrebe stapfte ruhig und geduldig dahin, aber sie machte sich so gar keine Gedanken darüber, ob sie in den ewigen Schlaf sinken oder aus dem Wald herausfinden würde. Der Bittere Enzian munterte die Gesellschaft manchmal ein wenig auf, aber ein andermal wieder verfiel er in einen Zustand der Verzweiflung und Depression.

Die anderen Wanderer hatten niemals Angst, dass sie es nicht schaffen würden, und wollten ihren Gefährten auf ihre eigene Weise helfen.

Das Heidekraut war sich ganz sicher, dass es den Weg wusste, und wollte, dass ihm die ganze Gesellschaft folgte. Die Zichorie kümmerte sich nicht um den Ausgang der Wanderung, sondern war voller Sorge, ob ihre Gefährten fußkrank oder müde waren oder genug zu essen hatten. Die Bleiwurz hatte nicht besonders viel Vertrauen in ihre Urteilsfähigkeit und wollte jeden Weg ausprobieren, um sicherzugehen, dass sie nicht in die falsche Richtung liefen, und das bescheidene, kleine Tausendgüldenkraut wollte die Last so erleichtern, dass es bereit war, das Gepäck von jedem anderen zu tragen. Leider trug es im Allgemeinen die Last derjenigen, die am besten in der Lage waren, sie selbst zu tragen, weil sie diejenigen waren, die am lautesten schrien.

Das Quellwasser, das Feuer und Flamme war zu helfen, deprimierte die Gesellschaft ein wenig, weil es alles kritisierte, was sie falsch machten, und doch wusste es den Weg. Das Eisenkraut kannte den Weg auch sehr gut, obwohl es ein wenig verwirrt war, und ließ sich des langen und breiten darüber aus, welches der einzige Weg war, der aus dem Wald herausführte. Auch das Drüsentragende Springkraut kannte den Heimweg sehr gut, so gut, dass es mit denjenigen, die langsamer als es waren, sehr ungeduldig wurde. Die Sumpf-Wasserfeder war diesen Weg bereits vorher schon einmal gegangen und kannte den richtigen Weg und war doch ein wenig stolz und hochmütig, dass die anderen ihn nicht wussten. Sie hielt sie für ein wenig minderwertiger.

Und schließlich kamen sie alle heil aus dem Wald heraus. Nun leben sie als Führer für andere Wanderer, die diese Reise noch nicht gemacht haben, und, weil sie den Weg durch den Wald und die Dunkelheit der Nacht kennen, begleiten sie den Wanderer als ›unerschrockene Kavaliere‹, und jeder der 16 Begleiter gibt ihm das nötige Beispiel und lehrt ihn in seiner eigenen Weise die notwendige Lektion.

Der Odermenning streift völlig sorglos umher und macht über alles seine Scherze. Die Gefleckte Gauklerblume kennt keine Angst. Das Gemeine Sonnenröschen ist selbst in den dunkelsten Augenblicken ein Abbild des ruhigen, heiteren Muts. Der Stechginster erzählt den Wanderern in der dunkelsten Nacht von den Fortschritten, die sie machen werden, wenn die Sonne am Morgen wieder aufgeht.

Die Eiche steht unerschütterlich im stärksten Sturm. Die Augen der Gemeinen Waldrebe sind voller Freude auf das Ende der Reise gerichtet. Keine Schwierigkeiten oder Rückschläge können den Bitteren Enzian entmutigen.

Das Heidekraut hat erfahren, dass jeder Wanderer seinen eigenen Weg gehen muss und geht ruhig voraus, um zu zeigen, dass dies möglich ist. Die Zichorie, die immer darauf wartet, jemandem ihre hilfreiche Hand reichen zu können, tut dies nur, wenn man sie darum bittet, und dann tut sie es ganz ruhig. Die Bleiwurz kennt die schmalen Pfade, die nirgendwo hinführen, so gut, und das Tausendgüldenkraut sucht immer nach den Schwächsten, denen ihre Last zu schwer ist.

Das Quellwasser hat vergessen, den anderen Vorwürfe zu machen und verbringt seine ganze Zeit damit, sie zu ermutigen. Das Eisenkraut hält keine Predigten mehr, sondern weist still den Weg. Das Drüsentragende Springkraut kennt keine Eile, sondern trödelt unter den Letzten dahin, um mit ihnen Schritt zu halten. Und die Sumpf-Wasserfeder, mehr Engel als Mensch, streicht wie ein warmer Windhauch oder ein herrlicher Sonnenstrahl über die Gesellschaft und segnet jeden Einzelnen von ihnen.

3 Die zwölf Heiler und andere Heilmittel

Einführung

Seit unvordenklichen Zeiten ist es bekannt, dass die göttliche Vorsehung der Natur Mittel zur Vorbeugung und Heilung von Krankheiten gegeben hat in Gestalt göttlich angereicherter Kräuter, Pflanzen und Bäume. Die Heilmittel der Natur, die in diesem Buch vorgestellt werden, haben bewiesen, dass sie in ihrem gnadenreichen Wirken mehr als andere gesegnet sind und ihnen die Kraft gegeben ist, alle Arten von Krankheiten und Leiden zu heilen.

Bei der Behandlung mit diesen Heilmitteln wird der Art der Krankheit keine Beachtung geschenkt. Der Mensch wird behandelt, und während er gesundet, verschwindet die Krankheit, die abgeschüttelt wird von der erstarkenden Gesundheit. Jedermann weiß, dass dieselbe Krankheit bei verschiedenen Menschen verschiedenartige Auswirkungen haben kann. Diese unterschiedlichen Auswirkungen sind es, die der Behandlung bedürfen, denn sie führen uns zur eigentlichen Ursache zurück.

Das Gemüt ist der feinste und empfindlichste Teil

des Menschen und zeigt den Beginn und Verlauf einer Krankheit viel deutlicher als der Körper, und so gilt die Einstellung des Gemüts als Hinweis auf das oder die Heilmittel, die notwendig sind.

Bei der Krankheit verändert sich der Gemütszustand im Vergleich zum sonstigen Leben. Wer aufmerksam beobachtet, kann diese Veränderung häufig vor – manchmal auch lange vor – dem Auftreten der Krankheit wahrnehmen und durch eine Behandlung das Erscheinen von Beschwerden rechtzeitig verhindern. Wenn eine Krankheit schon einige Zeit besteht, wird die Stimmung des Leidenden uns ebenfalls zu dem richtigen Heilmittel hinführen.

Man schenke also dem Krankheitsbild keine Beachtung, sondern denke allein an die Lebenseinstellung und Stimmung des Erkrankten.

Achtunddreißig verschiedene Gemütszustände werden in einfacher Weise beschrieben. Es sollte keine Schwierigkeit sein, für sich selbst oder einen anderen den vorherrschenden Zustand oder die Kombination von Gemütslagen herauszufinden und so die notwendigen Heilmittel zu verabreichen, um eine Heilung zu bewirken.

Der Titel dieser Schrift – »Die zwölf Heiler« – wurde beibehalten, da er vielen Lesern vertraut ist.

Die Linderung des Leidens war seinerzeit, als erst zwölf Heilmittel bekannt waren, bereits so deutlich und wohltuend, dass es notwendig erschien, sie der

Öffentlichkeit vorzustellen, ohne auf die Entdeckung der übrigen sechsundzwanzig Mittel zu warten, die die Reihe vollenden. Die ursprünglichen zwölf Heilmittel sind durch ein Sternchen (*) hervorgehoben.

Für diejenigen, die Angst haben

Rock Rose (Gelbes Sonnenröschen)*

Der Helfer in allen Notsituationen, sogar wenn anscheinend keine Hoffnung mehr besteht, bei Unfällen oder plötzlicher Erkrankung, wenn der Patient sehr große Angst und Schrecken hat, oder auch, wenn die Umstände derart schlimm sind, dass alle Anwesenden ebenfalls Angst bekommen. Ist der Patient bewusstlos, kann man seine Lippen mit dem Mittel befeuchten. Zusätzliche Mittel können erforderlich sein. Wenn beispielsweise die Bewusstlosigkeit einem tiefen Schlaf ähnlich ist: Clematis, bei qualvollen Schmerzen: Agrimony oder andere.

Mimulus (Gefleckte Gauklerblume)*

Bei Furcht vor weltlichen Dingen, Krankheit, Schmerz, Armut, Alleinsein, Finsternis, Unglück und Unfällen. Es sind die Ängste des täglichen Lebens. Diese Menschen behalten ihre Ängste und Befürchtungen für sich. Nur ganz selten reden sie darüber zu anderen.

CHERRY PLUM (KIRSCHPFLAUME)

Bei Furcht, den Verstand zu verlieren, oder dass der Verstand überfordert werden könnte, oder dass man gefürchtete, schreckliche Dinge tun könnte, die man zwar als falsch und unerwünscht erkennt und dennoch den Trieb verspürt, sie zu tun.

ASPEN (ZITTERPAPPEL)

Bei vagen, unbekannten Befürchtungen, für die man keine Erklärung findet, keine Begründung weiß, und dennoch Angst hat, dass etwas Entsetzliches passieren könnte; nur was es sein mag, das weiß man nicht.

Diese vagen, unerklärlichen Ängste können den Patienten Tag und Nacht verfolgen. Die Betroffenen scheuen sich zumeist, ihre Angst anderen mitzuteilen.

RED CHESTNUT (ROTE KASTANIE)

Ist für jene, die sich allzu viel um die anderen ängstigen. Zumeist haben sie längst aufgehört, sich über sich selbst Sorgen zu machen; doch um jene, die sie lieben, sind sie besorgt, leiden viel und haben Angst, dass ihnen etwas Schlimmes zustoßen könnte.

Für diejenigen, die an Unsicherheit leiden

CERATO (BLEIWURZ)*

Für jene, die nicht genügend Vertrauen in sich selbst haben, ihre eigenen Entscheidungen zu treffen. Sie fragen dauernd andere um Rat und sind dann oftmals falsch beraten.

SCLERANTHUS (EINJÄHRIGER KNÄUEL)*

Für jene, die es sehr schwierig finden, zwischen zwei Alternativen zu entscheiden; denn einmal erscheint ihnen das eine richtig, dann wiederum das andere.

Es sind zumeist stille Menschen, die ihre Schwierigkeiten allein tragen, weil sie nicht bereit sind, diese mit anderen zu besprechen.

GENTIAN (HERBSTENZIAN)*

Für jene, die rasch entmutigt sind. Während einer Rekonvaleszenz mögen sie gute Fortschritte machen, in ihrer täglichen Arbeit gut voran kommen, doch jede kleine Verzögerung, jedes Hindernis in ihrem Fortschritt verursacht in ihnen Zweifel und entmutigt sie.

GORSE (STECHGINSTER)

Ist für die ganz Hoffnungslosen, die allen Glauben verloren haben, dass ihnen noch geholfen werden könne.

Ihren Mitmenschen zuliebe lassen sie sich überreden, alle möglichen Rezepte und Heilmittel auszuprobieren; versichern ihnen aber gleichzeitig, dass ja doch nichts helfen werde.

HORNBEAM (HAINBUCHE)

Für jene, die der Ansicht sind, sie hätten weder die seelischen noch die körperlichen Kräfte, die Bürde des Lebens zu tragen. Die Tageslast erscheint ihnen zu groß, obwohl sie ihr Tagewerk normalerweise zu bewältigen vermögen.

Das Mittel ist auch für jene, die meinen, dass entweder Seele oder Leib einer Stärkung bedürfen, bevor sie ihren Tageseinsatz leisten können.

WILD OAT (WALDTRESPE)

Für die Ehrgeizigen, die etwas Besonderes im Leben vollbringen wollen. Sie möchten viele Erfahrungen sammeln, wollen alles genießen, was zu genießen möglich ist, und möchten sich des Lebens erfreuen.

Ihre Schwierigkeit liegt darin, dass sie sich nicht entscheiden können, welcher Beschäftigung sie nachgehen sollen, denn trotz ihres großen Ehrgeizes fühlen sie keine Berufung zu einer speziellen Laufbahn. Das kann Verzögerungen zur Folge haben, wodurch sie unzufrieden werden.

Für diejenigen, die ein ungenügendes Interesse für Gegenwartssituationen haben

Clematis (Weisse Waldrebe)*

Ist für Tagträumer und Schläfrige, die nie ganz wach sind und kein besonders großes Interesse am Leben haben. Sie sind eher ruhig und in ihrer momentanen Lage nicht so recht glücklich, denn sie leben mehr in der Zukunft als in der Gegenwart. Sie hoffen stets auf glücklichere Zeiten, in denen ihre Ideale wahr werden könnten.

Im Krankheitsfall unternehmen sie nur geringe Anstrengungen, um wieder gesund zu werden. In gewissen Fällen sehnen sie sich sogar nach dem Tod, in der Hoffnung auf eine bessere Zukunft, oder weil sie hoffen, einen geliebten Menschen, den sie verloren haben, wiederzufinden.

Honeysuckle (Geissblatt)

Für jene, die oft an ihre Vergangenheit zurückdenken, weil diese glücklich war, oder Erinnerungen an einen

Freund enthält, oder weil sie einem Wunschtraum nachtrauern. Es fällt ihnen schwer, an ein erneutes Glück zu glauben.

WILD ROSE (HECKENROSE)

Für jene, die scheinbar ohne genügenden Grund allem Geschehen gegenüber gleichgültig werden und resigniert durchs Leben treiben. Sie nehmen alles hin, machen keine Anstrengung, um ihre Lage zu ändern und dadurch wieder etwas Freude zu finden. Klaglos ergeben sie sich dem Lebenskampf.

OLIVE (OLIVE)

Benötigen jene, die seelisch oder körperlich so gelitten haben, so erledigt und müde sind, dass sie meinen, für erneute Anstrengungen keine Kraft mehr zu haben. Für sie ist das tägliche Leben nur harte, freudlose Arbeit.

WHITE CHESTNUT (WEISSE KASTANIE)

Für jene, die nicht verhindern können, dass sich unerwünschte Gedanken, Ideen und Argumente unaufhörlich in ihr Bewusstsein drängen. Dies ist hauptsächlich dann der Fall, wenn kein momentanes Interesse stark genug ist, um die volle Aufmerksamkeit zu fesseln. Es ist dann oft so, dass sich solche Gedanken und Vorstellungen im Kopf drehen und drehen, ohne dass man sie loswird. Das kann eine echte Tortur sein. Die Gegenwart dieser unangenehmen Gedanken und Bilder vertreibt den Frieden und beeinträchtigt die Fähigkeit, konzentriert an die tägliche Arbeit oder gar an Freude und Vergnügen zu denken.

Mustard (Wilder Senf)

Für alle jene, die zeitweise schwermütig werden oder sogar in Verzweiflung fallen. Es ist, als ob eine kalte, dunkle Wolke ihr Gemüt überschatten und alles Licht und alle Freude auslöschen würde. Dabei scheint es unmöglich zu sein, irgendeinen Grund oder eine Erklärung für diese Anfälle zu finden. Unter diesen Umständen ist es fast nicht möglich, noch glücklich oder fröhlich zu erscheinen.

Chestnut Bud (Kastanienknospe)

Für jene, die aus Beobachtungen und Erfahrungen zu wenig Nutzen ziehen und deshalb länger brauchen als andere, um die Lektionen des täglichen Lebens zu erlernen.

Während bei manchen Menschen eine einzige Erfahrung genügt, benötigen diese Leute oft mehrere, manchmal sogar viele Erfahrungen, bis die Lektion sitzt, und so machen sie zu ihrem eigenen Bedauern denselben Fehler immer und immer wieder, wo doch einmal genügt hätte, oder sogar das Beobachten anderer ihnen diesen Fehltritt erspart hätte.

Für diejenigen, die einsam sind

Water Violet (Sumpfwasserfeder)*

Für jene, die – gesund oder krank – gerne allein sind. Es sind stille Menschen, die sich lautlos bewegen, wenig reden und das Wenige in ruhigem Ton sagen. Es sind durchaus fähige Menschen, sehr unabhängig und selbstsicher, die sich wenig um die Meinung anderer kümmern. Sie gehen ihre eigenen Wege, halten Distanz und lassen andere in Ruhe. Oft sind sie kluge und talentierte Menschen. Ihre Ruhe und ihr innerer Friede kann ein Segen für andere sein.

Impatiens (Drüsentragendes Springkraut)*

Für jene, die rasch sind im Denken und Handeln und deshalb alles schnell und ohne Zögern tun wollen. Im Erkrankungsfall sind sie auf möglichst rasche Genesung bedacht.

Sie finden es schwierig, mit ihren langsamer reagierenden Mitmenschen genügend Geduld zu haben, deren Langsamkeit sie als falsch und damit als eine ungerechtfertigte Zeitverschwendung betrachten. So reizt es sie, solche Leute, wo immer es geht, anzutreiben. Wenn dies nicht gelingt, ziehen sie es oft vor, allein zu denken und zu arbeiten. Denn nur allein können sie alles in ihrem gewohnten Tempo erledigen.

Heather (Schottisches Heidekraut)

Für jene, welche unter allen Umständen immer Gesellschaft haben müssen, ganz gleich, mit wem es ist. Sie fühlen ein unwiderstehliches Bedürfnis, ihre eigenen Probleme mit anderen zu besprechen und sind sehr unglücklich, wenn sie, auch nur für kurze Zeit, allein sind.

Für diejenigen, die überempfindlich sind gegenüber Einflüssen und Ideen

Agrimony (Odermennig)*

Für die jovialen, fröhlichen und humorvollen Leute, die den Frieden über alles lieben und darum bei Meinungsverschiedenheiten und Streitereien in große seelische Bedrängnis geraten. Um dies zu vermeiden, sind sie bereit, viel aufzugeben und sich zu verleugnen.

Sie verbergen darum ihre Sorgen und Schwierigkeiten sowie ihre innere und äußere Rastlosigkeit hinter einer Maske von Humor und Witz und sind deswegen sehr beliebt. Doch greifen sie oft im Übermaß zu Alkohol und Drogen, um in gute Stimmung zu kommen und sich so mit Fröhlichkeit über ihre Schwierigkeiten hinwegzuhelfen.

CENTAURY (TAUSENDGÜLDENKRAUT)*

Für die stillen, freundlichen und zuvorkommenden Leute, die überängstlich darauf aus sind, anderen zu dienen. In ihrem Eifer und ihrer Hingabe überschätzen sie gerne ihre eigene Kraft.

Sie sind so besessen vom Wunsch zu dienen, dass sie mehr zu Sklaven als zu willigen Helfern werden. Ihr gutmütiges Naturell verleitet sie, mehr zu tun, als das, was ihr Arbeitsanteil wäre. Dadurch kommen sie in Gefahr, ihre wahre Lebensaufgabe zu vernachlässigen.

WALNUT (WALNUSS)

Für jene, die bestimmte Ideale und feste Ziele im Leben haben und diese eifrig verfolgen. Durch die Ansichten und Überzeugungen, aber auch den Enthusiasmus anderer kommen sie zuweilen in Versuchung, ihren eigenen Ideen und Zielen untreu zu werden.

Dieses Mittel gibt ihnen Standhaftigkeit und Schutz gegen Beeinflussung von außen.

Holly (Stechpalme)

Für alle jene, die manchmal von negativen Gedanken wie Eifersucht, Neid, Rachsucht und Argwohn befallen werden.

Auch für die verschiedenartigsten Formen von Ärger und Verdruss.

Es mag sein, dass diese Menschen innerlich sehr leiden, oft sogar, wenn kein wirklicher Grund für ihr Unglücklichsein vorhanden ist.

Für diejenigen, die unter Mutlosigkeit und Verzweiflung leiden

Larch (Lärche)

Für jene, die sich für weniger tüchtig und weniger fähig halten als die andern. Sie wollen und können nicht an ihren Erfolg glauben und erwarten immer nur Fehlschläge. Deshalb wagen sie nichts und geben sich viel zu wenig Mühe, um zu Erfolg zu kommen.

Pine (Schottische Kiefer)

Brauchen jene, die immer die Schuld bei sich selber suchen. Sogar wenn sie erfolgreich sind, meinen sie, sie hätten es eigentlich noch besser machen können.

Sie sind weder mit ihren Anstrengungen noch mit ihren Leistungen zufrieden. Auch arbeiten sie schwer und leiden wegen Fehlern, die sie sich selbst unterschieben. Manchmal, wenn es einen Fehler gibt, den andere verschuldet haben, nehmen sie sogar diesen auf sich und fühlen sich verantwortlich.

Elm (Ulme)

Für jene, die gute Arbeit leisten und ihrer Berufung treu folgen. Sie hoffen, in ihrem Leben etwas Bedeutendes zu leisten und das oft zum Wohle der Menschheit. Es gibt Zeiten, in denen diese Menschen niedergeschlagen und entmutigt sind, nämlich dann, wenn sie fühlen, dass die Aufgabe, die sie sich gestellt haben, zu schwierig, ja sogar übermenschlich ist.

Sweet Chestnut (Esskastanie)

Kann in jenen Augenblicken helfen, wenn die Verzweiflung eines Menschen so groß ist, dass sie untragbar erscheint. Es sind dies Momente, wenn Leib und Seele fühlen, dass sie, zum äußersten Rand der Belastbarkeit getrieben, nachgeben und zusammenbrechen müssten. Wenn es scheint, als ob der einzige Ausweg nur noch in Zerstörung und Vernichtung bestehen könnte.

STAR OF BETHLEHEM (DOLDIGER MILCHSTERN)

Für jene, die in großer Bedrängnis oder in Umständen sind, die sie sehr unglücklich machen.

Dazu gehören Schockzustände, wie sie oft entstehen, wenn schwerwiegende Nachrichten überbracht werden; beim Verlust eines lieben Menschen, durch den Schrecken nach einem Unfall und dergleichen mehr. Aber auch allen jenen, die sich über eine längere Zeit nicht trösten lassen wollen, bringt dieses Mittel Hilfe.

WILLOW (GELBE WEIDE)

Für jene, die ein Missgeschick oder ein Unglück erlitten haben. Es fällt ihnen schwer, ihr Schicksal klaglos und ohne Verbitterung anzunehmen, denn diese Leute beurteilen das Leben nach dem Erfolg. Auch sind sie der Ansicht, dass sie eine so große Prüfung nicht verdient hätten, und dass dies ungerecht gewesen sei. Dabei werden sie verbittert.

Oft lässt das Interesse und die Aktivität in den Dingen des Lebens nach, in denen sie vorher Freude und Befriedigung empfunden haben.

OAK (EICHE)

Hilft jenen, die sich im Krankheitsfalle große Mühe geben, rasch wieder gesund zu werden. Diese Leute kämpfen ebenso hart und ausdauernd, wenn es um die Erfüllung ihrer täglichen Verpflichtungen geht. Sie hören nicht auf, nacheinander Mittel und Möglichkeiten auszuprobieren, um ihrer Lage wieder Herr zu werden. Dies tun sie auch dann noch, wenn ihr Fall hoffnungslos erscheint.

Sie lassen nicht locker. So sind sie mit sich selber oft unzufrieden, wenn sie durch Krankheit oder Gebrechen an der Erfüllung ihrer Pflichten gehindert oder unfähig werden, andern zu helfen.

Es sind tapfere Leute, die gegen große Schwierigkeiten ankämpfen, ohne dabei die Hoffnung zu verlieren oder aufzugeben.

Crab Apple (Holzapfel)

Es ist das Mittel, das zur Reinigung dient. Als »Reinigungsmittel« hilft es vor allem jenen, die das Gefühl nicht loswerden, etwas Unreines an sich zu haben.

Oft handelt es sich dabei um etwas von scheinbar geringer Bedeutung. – In andern Fällen mag eine ernsthafte Krankheit vorliegen. Doch bleibt diese nahezu unbeachtet im Vergleich mit dem einen Problem, etwas Unreines an sich zu haben.

In beiden Fällen handelt es sich um Menschen, die ängstlich darauf bedacht sind, von der einen Sache frei zu sein, die ihr ganzes Denken erfüllt. Ja, es scheint für sie so wichtig zu sein, dass sie unbedingt davon geheilt werden möchten.

Solche Leute verzagen, wenn die Behandlung nichts nützt.

Mit seiner reinigenden Kraft reinigt dieses Heilmittel auch Wunden, von denen der Patient glaubt, dass vergiftende Stoffe, die entfernt werden müssten, in sie eingedrungen sind.

Für diejenigen, die um das Wohl anderer allzu besorgt sind

CHICORY (WEGWARTE)*

Für jene, die sich um Wohl und Weh anderer bekümmern und allzu besorgt sind um Kinder, Verwandte, Freunde etc., und immer etwas finden, das noch in Ordnung gebracht werden sollte. Sie korrigieren ständig, was nach ihrer Meinung korrigiert werden muss, und erfreuen sich dieser Rolle. Diejenigen, um die sie sich kümmern, möchten sie in ihrer Nähe haben.

VERVAIN (EISENKRAUT)*

Ist für jene, die fixe Ideen und Prinzipien haben, die sie als richtig erachten und daher nur selten ändern.

Sie haben den großen Wunsch, alle um sie herum zu ihren Ansichten zu bekehren.

Sie sind willensstark und mutig, wenn sie von Dingen überzeugt sind, die sie anderen beibringen möchten.

Sie arbeiten weiter, wenn sie krank sind und andere längst ihre Verpflichtungen aufgäben.

Vine (Weinrebe)

Für selbstsichere, befähigte Menschen, die auf ihren Erfolg vertrauen und der Ansicht sind, es müsste auch anderen zum Vorteil gereichen, wenn diese alles so tun würden, wie sie es selbst tun, denn sie sind sicher, dass es nur so richtig ist. Sie schulmeistern ihre Umgebung sogar dann noch, wenn sie krank sind. Dafür können sie in Notsituationen Hervorragendes leisten.

Beech (Rotbuche)

Für jene, welche die Notwendigkeit verspüren, in allem, was sie umgibt, vermehrt das Gute und Schöne zu erblicken, und obwohl viele Dinge falsch laufen, die Fähigkeit haben möchten, das Gute im Innern heranwachsen zu sehen. Sie sind darauf bedacht, toleranter und nachsichtiger zu werden und vermehrtes Verständnis zu zeigen für die unterschiedlichen Wege, auf denen jeder Einzelmensch und alle Dinge zur letzten Vollkommenheit heranwachsen.

Rock Water (Quellwasser)

Für jene, die in ihrer Lebenseinstellung sehr strikt sind und sich deshalb viele Freuden und Vergnügungen versagen. Sie fürchten, diese könnten ihre Arbeit und ihr Werk beeinträchtigen.

Sie üben große Selbstdisziplin, sind hart gegen sich selbst und möchten stark, gesund und tätig sein und auch so bleiben. Sie hoffen stets, andern ein Beispiel zu sein, sodass diese ihre Ideen aufgreifen, ihnen nacheifern und so zu besseren Menschen werden.

Methoden der Dosierung

Da alle diese Heilmittel rein und unschädlich sind, besteht keine Gefahr, sie zu häufig oder zu viel zu verabreichen, wenngleich nur die kleinsten Mengen als Dosis notwendig sind. Weiterhin kann keines der Heilmittel Schaden anrichten, sollte sich herausstellen, dass es nicht das für den jeweiligen Fall richtige ist.

Man nehme ungefähr zwei Tropfen aus der Vorratsflasche und gebe sie in ein kleines Fläschchen, das fast ganz mit Wasser gefüllt wurde. Falls es notwendig ist, dass dieses einige Zeit halten sollte, kann man ein klein wenig Weinbrand als Konservierungsmittel hinzufügen.

Dieses Fläschchen nun verwendet man zum Einnehmen, aber nur wenige Tropfen daraus – in ein wenig Wasser, Milch oder ein anderes Getränk gegeben – sind notwendig pro Dosis, mehr nicht. In dringenden Fällen kann man die Dosen alle paar Minuten geben, bis eine Besserung eintritt; in ernsten Fällen ungefähr halbstündlich und bei lange bestehenden Krankheiten alle zwei bis drei Stunden, oder häufiger oder weniger häufig, wie der Patient es für notwendig hält.

Bei Bewusstlosen benetze man häufig die Lippen.

Bei Schmerzen, Steifigkeit, Entzündung oder jeglichen örtlichen Beschwerden sollte zusätzlich eine Lotion verwendet werden. Man nehme einige Tropfen aus der Einnahmeflasche in eine Schale Wasser und tränke damit ein Stück Tuch, mit dem man die betroffene Stelle bedeckt; je nach Notwendigkeit kann man das Tuch von Zeit zu Zeit neu befeuchten.

Ein Bad oder eine Abreibung mit einem Schwamm und Wasser, in das einige Tropfen der Heilmittel gegeben wurden, kann sich zuweilen als nützlich erweisen.

Methoden der Herstellung

Zwei Methoden, diese Heilmittel herzustellen

Sonnen-Methode

Eine Schale aus dünnem Glas wird fast gefüllt mit dem reinsten Wasser, das erhältlich ist, nach Möglichkeit aus einer nahe gelegenen Quelle.

3 Die zwölf Heiler und andere Heilmittel

Die Blüten der Pflanze werden gepflückt und sofort auf die Wasseroberfläche gelegt, bis diese bedeckt ist. Dann wird die Schale drei bis vier Stunden im strahlenden Sonnenschein gelassen – oder kürzer, wenn die Blüten zu welken anfangen. Dann werden die Blüten vorsichtig vom Wasser abgehoben und dieses in Flaschen gegossen, die halb gefüllt werden. Dann werden die Flaschen mit Weinbrand aufgefüllt, um das Heilmittel gut zu schützen.

Diese Flaschen sind nun Vorratsflaschen; ihr Inhalt ist nicht zur unmittelbaren Einnahme bestimmt. Wenige Tropfen daraus werden in eine andere Flasche gegeben, aus der der Patient dann behandelt wird, sodass die Vorratsflaschen lange Zeit den Nachschub sichern. Die Vorratsflaschen aus der Apotheke sind in der gleichen Weise zu verwenden.

Folgende Heilmittel werden nach dieser Methode hergestellt:

Agrimony, Centaury, Cerato, Chicory, Clematis, Gentian, Gorse, Heather, Impatiens, Mimulus, Oak, Olive, Rock Rose, Rock Water, Scleranthus, Wild Oat, Vervain, Vine, Water Violet, White Chestnut-Blüte.

Rock Water: Es ist schon seit langem bekannt, dass bestimmte Quellen und Brunnen Wasser spenden, das die Kraft besitzt, Menschen zu heilen; solche Quellen sind wegen ihrer Eigenschaft bekannt. Jede Quelle, deren Wasser Heilwirkung besitzt und die sich noch in ihrem natürlichen Zustand befindet, nicht verbaut ist durch die menschlichen Gebäude, kann zur Gewinnung des Heilmittels genutzt werden.

Kochmethode

Die übrigen Heilmittel werden durch Kochen, wie folgt, gewonnen:

Das Material (wie im Folgenden angegeben) wird eine halbe Stunde in reinem sauberen Wasser gekocht.

Danach wird die Flüssigkeit abgeseiht, in Flaschen bis zur Hälfte gefüllt, die nach Erkalten des Inhalts mit Weinbrand aufgefüllt werden zur Konservierung.

Chestnut Bud: Für dieses Heilmittel werden die (Blatt-)Knospen vom weiß blühenden Kastanienbaum gesammelt, kurz bevor sie sich öffnen und die Blätter freigeben.

Bei den anderen sollen die Blüten zusammen mit kleinen Stückchen von Stamm oder Stiel und, wenn vorhanden, jungen, frischen Blättern verwendet werden.

Alle angegebenen Heilpflanzen sind wild wachsend auf den britischen Inseln zu finden, außer Vine (Weinrebe), Olive (Ölbaum) und Cerato (Bleiwurz), obwohl manche von ihnen ursprünglich aus anderen Ländern Mittel- und Südeuropas bis hin zu Nordindien und Tibet stammen.

4
Heal thyself – Heile dich selbst

Eine Erklärung der wahren Ursache von Krankheit und Heilung

Kapitel 1

Es liegt nicht in der Absicht dieses Buches vorzuschlagen, dass die Heilkunst unnötig ist. Dies wäre weit gefehlt. Ich habe jedoch die bescheidene Hoffnung, dass es denjenigen, die leiden, ein Führer sein kann, um den wahren Ursprung ihrer Krankheit in sich selbst zu suchen, sodass sie selbst zu ihrer Heilung beitragen können. Darüber hinaus hoffe ich, dass es jenen, die in medizinischen und religiösen Berufen tätig sind und denen das Wohlergehen der Menschheit am Herzen liegt, Anregungen gibt, sodass sie ihre Bemühungen um die Linderung des menschlichen Leidens verstärken, um so den vollständigen Sieg über die Krankheit voranzutreiben.

Der Hauptgrund für das Versagen der modernen medizinischen Wissenschaft liegt darin, dass sie sich mit den Wirkungen und nicht mit den Ursachen beschäftigt. Seit Jahrhunderten verschleiert der Materialismus die wahre Natur der Krankheit, und daher hatte die Krankheit Gelegenheit, noch größere Verwüstungen anzurichten, da sie nicht an ihrer Ursache bekämpft wurde. Es ist so, als ob ein in den Bergen verschanzter Feind das umliegende Land ständig angreift, während die Betroffenen den Garnisonsstützpunkt ignorieren und sich damit zufrieden geben, ihre beschädigten Häuser zu reparieren und ihre Toten zu begraben, was bedeutet, dass sie nur die Wirkungen der feindlichen Angriffe bekämpfen. Allgemein gesprochen ist die moderne Medizin nichts anderes als das Zusammenflicken dieser Kriegsverletzten und das Begraben der Gefallenen, ohne einen Gedanken an die wirkliche Feste der Feinde zu verschwenden.

Mit den gegenwärtigen materialistischen Methoden wird Krankheit niemals geheilt oder beseitigt werden, und zwar aus dem einfachen Grund, weil die Ursache der Krankheit nicht materialistisch ist. Was wir als Krankheit kennen, ist die letztendlich im Körper hervorgerufene Wirkung und das Endprodukt lange tief im Inneren wirkender Kräfte. Selbst wenn die materielle Behandlung allein scheinbare Erfolge erzielt, ist dies nichts anderes als eine vorübergehende Erleichterung, wenn die wahre Ursache nicht behoben wurde. Der moderne Trend der medizinischen Wissenschaft hat der Krankheit noch mehr Macht gegeben, indem die wahre Natur der Krankheit fehlinterpretiert wird und man sich nur auf ihre materialistischen Aspekte im physischen Körper konzentriert. Krankheit wurde zum einen noch mächtiger, weil die Menschen von der wahren Krankheitsursache und daher auch von effektiven Methoden der Krankheitsbekämpfung abgelenkt wurden und zum anderen, weil man Krankheit im Körper lokalisiert, wodurch sie wirkliche Hoffnung auf Heilung verlieren und eine starke Angstneurose entwickeln, die niemals notwendig gewesen wäre.

Krankheit ist im Wesentlichen die Folge eines Konfliktes zwischen Seele und Geist und sie kann nur durch spirituelle und geistige Bemühungen beseitigt werden. Wie wir später noch sehen werden, können solche Bemühungen, wenn sie aus dem richtigen Verständnis heraus unternommen werden, Krankheit heilen und verhindern, indem man die grundlegenden Faktoren entfernt, die die Hauptursache von Krankheit sind. Keine ausschließlich auf den Körper gerichtete Bemühung kann mehr bewirken, als den Schaden oberflächlich zu reparieren, und darin liegt keine Heilung, da die Ursache immer noch wirksam ist und in jedem Augenblick ihr Vorhandensein in einer anderen Form zum Ausdruck bringen kann. In der Tat ist die scheinbare Genesung in vielen Fällen sogar schädlich, da sie dem Patienten die wahre Ursache seines Problems verbirgt, und in seiner Zufriedenheit über die scheinbar wiederhergestellte Gesundheit kann die wirkliche Ursache, die unbemerkt bleibt, wieder an Macht gewinnen. Vergleichen wir diesen Fall einmal mit dem eines Patienten, der weiß oder von einem weisen Arzt darauf hingewiesen worden ist, welche schädlichen spirituellen oder geistigen Kräfte in ihm wirksam sind, deren Auswirkungen wir die Krankheit des physischen Körpers nennen. Wenn der Patient sich direkt darum bemüht, diese Kräfte zu neutralisieren, verbessert sich sein Gesundheitszustand, und sobald ihm dies gelingt und er seine Aufgabe beendet hat, ist die Krankheit verschwunden. Dies ist wahre Heilung durch den Kampf gegen die Festung des Feindes, der tatsächlichen Grundlage für die Ursache des Leidens.

Eine Ausnahme unter den materialistischen Methoden, die in der modernen Wissenschaft angewendet werden, ist die des berühmten Hahnemann, des Begründers der Homöopathie, der aus dem Wissen um die wohltätige Liebe des Schöpfers und um die Göttlichkeit in jedem Menschen heraus sowie durch die Erforschung der Lebenseinstellung seiner Patienten, seiner Umgebung und ihrer jeweiligen Krankheit versuchte, das Naturheilmittel zu finden, das nicht nur ihren Körper heilen würde, sondern gleichzeitig ihre geistige Einstellung heben könnte. Möge seine Wissenschaft von den wahren Ärzten verbreitet und weiterentwickelt werden, die in ihrem Herzen Liebe zur Menschheit tragen.

Fünfhundert Jahre vor Christus brachten einige Ärzte des alten Indiens, die unter dem Einfluss von Lord Buddha wirkten, die Heilkunst auf einen so vollkommenen Stand, dass sie in der Lage waren, die Chirurgie abzuschaffen, obwohl diese zu ihrer Zeit ebenso oder noch wirksamer war als heutzutage. Männer wie Hippokrates mit seinen hohen Idealen des Heilens, Paracelsus mit seiner Gewissheit, dass das Göttliche im Menschen wohnt, und Hahnemann, der erkannte, dass Krankheit nicht in der physischen Ebene wurzelt – sie alle wussten sehr viel über die wahre Natur der Krankheit und die Heilung von Leiden. Welch unsägliches Leid hätte während der letzten 20 oder 25 Jahrhunderte vermieden werden können, wenn die Lehren dieser großen Meister ihrer Kunst befolgt worden wären, aber wie in vielen anderen Bereichen hat der Materialismus die westliche Welt so fasziniert, und zwar so lange Zeit, dass die Stimmen derjenigen, die sich diesen Lehren widersetzten, den Rat derjenigen, die die Wahrheit erkannten, übertönten.

An dieser Stelle möchte ich kurz erwähnen, dass Krankheit, obwohl sie so grausam erscheint, an sich wohltätig und zu unserem Nutzen ist und, wenn man sie richtig deutet, uns zu unseren wesentlichen Fehlern führen kann. Wenn Krankheit richtig behandelt wird, ist sie die Ursache der Beseitigung dieser Fehler, und wir werden zu einem besseren Menschen als je zuvor. Leiden ist ein Korrektiv, um uns auf eine Lektion hinzuweisen, die wir mit anderen Mitteln nicht begriffen haben, und es kann niemals beseitigt werden, solange die Lektion nicht gelernt ist. Man muss auch wissen, dass bei denjenigen, welche die Bedeutung von warnenden Anzeichen verstehen und in der

Lage sind, sie zu deuten, Krankheit verhindert werden kann, bevor sie sich manifestiert, oder in ihrem Frühstadium erfolgreich bekämpft werden kann, wenn die geeigneten, korrigierenden, spirituellen und geistigen Bemühungen unternommen werden. In keinem Fall muss ein Mensch verzweifeln, wie schwer seine Krankheit auch ist, denn die Tatsache, dass ihm noch physisches Leben geschenkt ist, zeigt, dass die Seele, die ihn führt, nicht ohne Hoffnung ist.

Kapitel 2

Um das Wesen von Krankheit zu verstehen, müssen wir einige grundlegende Wahrheiten erkennen. Die erste Wahrheit ist, dass der Mensch eine Seele hat, die sein wahres Selbst ist. Dass er ein göttliches, mächtiges Wesen, ein Sohn des Schöpfers aller Dinge ist, dessen Körper, obwohl er der irdische Tempel dieser Seele ist, nur die unbedeutendste Widerspiegelung darstellt. Dass unsere Seele, unsere Göttlichkeit, die in uns wohnt und uns umgibt, unser Leben nach seinem Plan gestaltet und uns immer führt, beschützt und ermutigt, und uns sorgsam und gütig zu unserem größten Vorteil leitet, wenn wir es zulassen. Dass Er, unser Höheres Selbst, das ein Funke des Allmächtigen ist, deshalb unbesiegbar und unsterblich ist.

Das zweite Prinzip ist, dass wir, so wie wir uns in

dieser Welt kennen, als Persönlichkeiten auf diese Welt gekommen sind, um all das Wissen und die Erfahrung zu sammeln, die man durch die irdische Existenz erlangen kann, um alle uns fehlenden Tugenden zu entwickeln und das Schlechte in uns zu beseitigen, um die Vervollkommnung unseres Wesens voranzutreiben. Die Seele weiß, welche Umgebung und welche Lebensumstände uns dabei von größtem Nutzen sind, und daher weist uns Gott jenen Lebensbereich zu, der sich zu diesem Zweck am besten eignet.

Drittens müssen wir erkennen, dass dieser kurze Aufenthalt auf Erden, den wir als unser Leben kennen, nicht mehr als ein Augenblick im Verlaufe unserer Evolution ist, so wie ein Schultag im Verhältnis zu einer ganzen Lebensspanne steht. Obwohl wir im Augenblick nur diesen einen Tag sehen und begreifen können, sagt uns unsere Intuition, dass unsere Geburt unendlich weit von unserem Anfang und der Tod unendlich weit von unserem Ende entfernt ist. Unsere Seele, die wir in Wirklichkeit sind, ist unsterblich, und der Körper, dessen wir uns bewusst sind und der vergänglich ist, ist nur unser Fortbewegungsmittel auf unserer Lebensreise oder ein Instrument, das wir für unsere tägliche Arbeit benutzen.

Nun folgt ein viertes, großes Prinzip, nämlich, dass unser Leben voller Freude und Frieden, Glück und Gesundheit ist, wenn unsere Seele und unsere Persönlichkeit in Harmonie miteinander sind. Ein Konflikt entsteht erst dann, wenn unsere Persönlichkeit von dem Weg abkommt, der von der Seele festgelegt wurde, entweder aufgrund von unseren eigenen weltlichen Wünschen oder weil wir von anderen Menschen dazu überredet werden. Dieser Konflikt ist die Wurzel von Krankheit und Unglück. Egal, welche Aufgabe wir in dieser Welt haben – ob wir Schuhputzer oder Monarch, Grundbesitzer oder Bauer, reich oder arm sind –, solange wir unsere Aufgabe gemäß den Befehlen der Seele erfüllen, ist alles in Ordnung. Darüber hinaus können wir sicher sein, dass egal, in welche Lebenslage wir hineingeboren sind, ob diese nun angenehm oder schwierig ist, sie die Lektionen und Erfahrungen enthält, die im Augenblick für unsere Entwicklung notwendig sind und uns die beste Entwicklungschance gibt.

Das nächste große Prinzip ist die Erkenntnis der Einheit aller Dinge, nämlich, dass der Schöpfer aller Dinge Liebe ist, und dass alles, dessen wir uns bewusst sind, in seiner unendlichen Anzahl von Ausdrucksformen eine Offenbarung dieser Liebe ist, ob es sich nun um einen Planeten oder einen Kieselstein, einen Stern oder einen Tautropfen, einen Menschen oder die niedrigste Lebensform handelt. Es ist möglich, sich eine Vorstellung davon zu machen, indem wir uns unseren Schöpfer als eine großartige strahlende Sonne der Güte und Liebe vorstellen, aus deren Zentrum unendlich viele Strahlen in jede Richtung ausgesandt werden, und dass wir und alles, dessen wir uns bewusst sind, Teilchen am Ende dieser Strahlen sind, ausgesandt, um Erfahrung und Wissen zu sammeln, aber letztendlich, um zu diesem großartigen Zentrum zurückzukehren. Und obwohl uns jeder dieser Strahlen als getrennt und verschieden von den anderen erscheinen mag, ist er in Wahrheit doch ein Teil der großen, zentralen Sonne. Trennung ist unmöglich, denn sobald ein Lichtstrahl von seiner Quelle abgeschnitten wird, hört er auf zu existieren. Auf diese Weise können wir ein wenig verstehen, dass Getrenntheit unmöglich ist, da jeder Lichtstrahl, obwohl er individuell ist, dennoch ein Teil der großen, zentralen, schöpferischen Kraft ist. Daher wirkt sich jede Handlung gegen uns selbst oder andere auf das Ganze aus, denn es verursacht Unvollkommenheit in einem Teil, die wiederum auf das Ganze gespiegelt wird, dessen Einzelteile letztendlich wieder vollkommen werden müssen.

Daher sehen wir, dass es zwei große mögliche fundamentale Irrtümer gibt: Die Trennung zwischen unserer Seele und unserer Persönlichkeit und die Grausamkeit oder das falsche Verhalten gegenüber anderen, denn dies stellt eine Sünde gegen die Einheit dar. Diese beiden Fehler bringen Konflikte hervor, was wiederum zu Krankheit führt. Wenn wir verstehen, wo wir einen Fehler machen (was wir so oft nicht erkennen), und uns aufrichtig darum bemühen, diesen Fehler zu korrigieren, wird dies nicht nur zu einem Leben voller Freude und Frieden führen, sondern auch zu Gesundheit.

Krankheit an sich ist wohltätig und ihr Zweck besteht darin, die Persönlichkeit zurück zum göttlichen Willen der Seele zu führen. Daraus geht hervor, dass man Krankheit sowohl vorbeugen als auch verhindern kann, denn es bestünde keine Notwendigkeit für die schwere Lektion des Leidens, wenn wir uns nur der Fehler, die wir begehen, bewusst werden könnten und diese durch spirituelle und geistige Mittel korrigieren würden. Die göttliche Macht gibt uns jede Gelegenheit, unser Leben wieder in die richtige Bahn zu lenken, bevor sie als letztes Mittel Schmerz und Leid anwendet. Es sind nicht die Irrtümer dieses Lebens, dieses Schultages, die wir bekämpfen. Und obwohl wir uns in unserem physischen Geist des Grundes unseres Leidens nicht bewusst sind, das uns grausam und unsinnig erscheinen mag, kennt unsere Seele (die unser wahres Selbst ist) die volle Absicht und führt uns zu unserem besten Nutzen. Dennoch würde das Verständnis und die Korrektur unserer Fehler die Krankheit verkürzen und unsere Gesundheit wiederherstellen. Das Wissen um die Absicht der Seele und das Fügen in dieses Wissen bedeutet Befreiung von irdischen Leiden und unserem Kummer und gibt uns die Freiheit, uns in Freude und Glück zu entwickeln.

Es gibt zwei große Irrtümer: Erstens, die Gebote unserer Seele nicht zu achten und zu befolgen, und zweitens, gegen die Einheit zu handeln. Was das Letztere betrifft, sollten wir es immer vermeiden, über andere zu urteilen, denn was für den einen richtig ist, ist für den anderen falsch. Der Kaufmann, dessen Aufgabe darin besteht, einen florierenden Handel nicht nur zu seinem eigenen Vorteil, sondern auch zum Nutzen all jener, die er beschäftigt, aufzubauen, und der dadurch Kenntnisse der Leistungsfähigkeit seines Betriebs und Kontrolle gewinnt und die damit verbundenen Tugenden entwickelt, muss zwangsläufig andere Qualitäten und Tugenden benutzen als eine Krankenschwester, die ihr Leben der Pflege der Kranken opfert. Und doch eignen sich beide auf die richtige Weise die Qualitäten an, die für ihre Entwicklung notwendig sind, wenn sie die Gebote ihrer Seele befolgen. Es kommt darauf an, den Geboten unserer Seele zu gehorchen, was wir durch unser Gewissen, unseren Instinkt und unsere Intuition lernen.

Daraus können wir erkennen, dass Krankheit aufgrund ihrer eigenen Prinzipien und im Wesentlichen sowohl vermeidbar als auch heilbar ist, und die Aufgabe spirituelle Heiler und Ärzte besteht darin, den Leidenden außer materiellen Heilmitteln das Wissen über die Fehler ihres Leben und die Art und Weise, wie man diese Fehler ausmerzen kann, zu vermitteln, um die Kranken so zurück zu Gesundheit und Freude zu führen.

Kapitel 3

Was wir als Krankheit kennen, ist das Endstadium einer viel tieferen Disharmonie, und es ist offensichtlich, dass die Beschäftigung mit dem Endresultat allein nicht voll wirksam sein kann, wenn man die Ursache nicht beseitigt, um einen vollständigen Behandlungserfolg zu gewährleisten. Es gibt einen grundsätzlichen Fehler, den der Mensch begehen kann, nämlich den Verstoß gegen die Einheit. Dieser Fehler wurzelt in der Selbstliebe. Darüber hinaus könnte man sagen, dass es im Wesentlichen nur ein Leiden gibt, nämlich körperliches Unwohlsein oder Krankheit. Und so wie es unterschiedliche Verstöße gegen die Einheit gibt, gibt es auch verschiedene Formen von Krankheit – die Folge dieser Vergehen –, je nachdem, welche Ursache der Krankheit zugrunde liegt. Das Wesen einer Krankheit kann ein hilfreicher Führer sein, wenn man die Art des Verstoßes gegen das göttliche Gesetz der Liebe und Einheit entdecken will.

Wenn wir genügend Liebe zu allen Dingen in uns haben, können wir niemandem Schaden zufügen, denn diese Liebe würde in jede unserer Handlungen einfließen und unseren Geist an jedem Gedanken hindern, der einen anderen Menschen verletzen könnte. Aber wir haben diesen Zustand der Vollkommenheit noch nicht erreicht. Wenn dies so wäre, wäre unsere Existenz hier auf Erden nicht mehr notwendig. Aber wir alle suchen und bewegen uns auf diesen Zustand hin, und diejenigen von uns, die geistig oder körperlich leiden, werden durch dieses leidvolle Leben zu diesem idealen Zustand geführt. Und wenn wir es nur richtig verstehen, können wir nicht nur unseren Fortschritt zu diesem Ziel beschleunigen, sondern uns auch Krankheit und Leid ersparen. Von dem Augenblick an, wo wir die Lektion verstanden und den Fehler beseitigt haben, besteht keine Notwendigkeit mehr für eine Korrektur, denn wir müssen uns daran erinnern, dass Leid an sich wohltätig ist, insofern es uns darauf hinweist, wenn wir den falschen Weg einschlagen, und so unsere Entwicklung hin zu ihrer wunderbaren Vollkommenheit beschleunigt.

Die wirklichen und grundlegenden Krankheiten des Menschen sind Fehler wie Stolz, Grausamkeit, Hass, Eigenliebe, Unwissenheit, Labilität und Habgier. Und wenn wir jeden dieser Fehler näher betrachten, werden wir feststellen, dass er der Einheit zuwiderläuft. Solche Fehler sind die wahren Krankheiten (im modernen Sinne des Wortes), und das Beibehalten und Festhalten an diesen Fehlern, nachdem wir ein Entwicklungsstadium erreicht haben, wo wir sie als falsch erkennen, was die schädlichen Wirkungen im Körper hervorruft, die wir als Krankheit kennen.

Stolz ist zunächst auf die mangelnde Erkenntnis der Unwichtigkeit der eigenen Persönlichkeit und ihrer völligen Abhängigkeit von der Seele zurückzuführen sowie darauf, dass wir Erfolge nicht aus eigener Kraft erringen, sondern dass sie uns durch die Gnade der Göttlichkeit in uns zuteil werden. Zweitens ist Stolz die falsche Einschätzung der Proportionen, der eigenen Winzigkeit inmitten des großen Plans der Schöpfung. Da sich Stolz immer weigert, sich bescheiden und demütig dem Willen des großen Schöpfers zu beugen, handelt er immer gegen diesen Willen.

Grausamkeit ist die Verleugnung der Einheit aller Dinge und das mangelnde Verständnis, dass jede Handlung, die gegen einen anderen gerichtet ist, im Gegensatz zum Ganzen und daher auch gegen die Einheit steht. Kein Mensch würde diejenigen, die ihm nahe stehen, verletzen, und durch das Gesetz der Einheit müssen wir so lange wachsen, bis wir verstehen, dass jeder, da er ein Teil des Ganzen ist, uns so lieb und teuer werden muss, bis sogar diejenigen, die uns verfolgen, nur noch Gefühle der Liebe und des Mitgefühls in uns hervorrufen.

Hass ist das Gegenteil von Liebe, die Umkehrung des Gesetzes der Schöpfung. Er steht im Gegensatz zum allumfassenden, göttlichen Plan und ist eine Verleugnung des Schöpfers. Daher führt er nur zu Handlungen und Gedanken, die der Einheit zuwiderlaufen und das Gegenteil derjenigen sind, die durch Liebe bestimmt werden.

Auch Selbstliebe ist wiederum eine Verleugnung der Einheit und der Verpflichtung, die wir gegenüber unseren Mitmenschen haben, indem wir unsere eigenen Interessen vor das Wohl der Menschheit und die Sorge und den Schutz unserer Mitmenschen stellen.

Unwissenheit ist das Versäumnis zu lernen, die Weigerung, die Wahrheit zu erkennen, wenn sich die Gelegenheit dazu bietet, und sie führt zu vielen falschen Handlungen, die nur in der Dunkelheit existieren können und nicht möglich sind, wenn wir von dem Licht der Wahrheit und des Wissens umgeben sind.

Labilität, Unentschlossenheit und mangelnde Zielstrebigkeit sind die Folge, wenn sich die Persönlichkeit weigert, sich von ihrem Höheren Selbst regieren zu lassen, und sie führt dazu, dass wir andere durch unsere Schwäche betrügen. Dies wäre nicht möglich, wenn wir das Wissen in uns hätten, dass wir die unbesiegbare, unüberwindbare Göttlichkeit in uns tragen, die wir in Wahrheit sind.

Habgier führt zu Machthunger. Sie ist die Verleugnung der Freiheit und Individualität jeder Seele. Anstatt anzuerkennen, dass jeder von uns hier auf Erden ist, um sich frei in der Weise zu entwickeln, wie es ihm seine eigene Seele befiehlt, um unsere Individualität zu stärken und frei und ungehindert unserer Aufgabe nachzugehen, strebt die von Habgier beherrschte Persönlichkeit danach, andere zu beherrschen, zu beeinflussen und die Kontrolle über sie auszuüben, wodurch sie sich die Macht des Schöpfers anmaßt.

Blumen, die durch die Seele heilen

Dies sind Beispiele für die wahre Krankheit, der Ursache und Grundlage all unseres Leidens und Elends. Jeder dieser Fehler wird, wenn man ihn entgegen der Stimme des Höheren Selbst beibehält, einen Konflikt hervorrufen, der zwangsläufig im physischen Körper widergespiegelt werden muss, wo er seine eigene Art von Krankheit hervorruft.

Nun können wir erkennen, wie jede Art von Krankheit, an der wir womöglich leiden, uns zu der Entdeckung des Fehlers führt, der hinter unseren Beschwerden steckt. Zum Beispiel wird Stolz, der die Arroganz und Starrheit des Geistes darstellt, die Krankheiten erzeugen, die Starrheit und Steifheit des Körpers hervorbringen. Schmerz ist die Folge von Grausamkeit, wodurch der Patient durch das eigene Leiden lernt, anderen Menschen kein Leid zuzufügen, sei dies körperlich oder durch seine geistige Einstellung. Die Strafen des Hasses sind Einsamkeit, gewalttätige und unkontrollierbare Wutausbrüche, Nervenzusammenbrüche und hysterische Anfälle. Die Krankheiten der Introvertiertheit – Neurosen, Neurasthenien und Ähnliche –, die dem Leben so viel Freude nehmen, werden durch übertriebene Eigenliebe verursacht. Unwissenheit und Unbewusstheit erschweren das Alltagsleben, und darüber hinaus sind Kurzsichtigkeit, Sehschwäche und Hörschäden die natürlichen Folgen, wenn man sich beständig weigert, die Wahrheit zu erkennen, wenn man die Gelegenheit dazu erhält. Unbeständigkeit ruft dieselbe Qualität im Körper mit den damit verbundenen verschiedenen Störungen hervor, welche die Bewegung und die Koordination beeinträchtigen. Die Folge von Habgier und der Beherrschung anderer sind Krankheiten, die den Leidenden zum Sklaven seines eigenen Körpers machen, wodurch seine Bedürfnisse und Ziele durch die Krankheit eingeschränkt werden.

Darüber hinaus ist es kein Zufall, welcher Körperteil von der Krankheit betroffen ist, sondern in Übereinstimmung mit dem Gesetz von Ursache und Wirkung ist der betroffene Körperteil ein hilfreicher Führer. Das Herz beispielsweise ist die Quelle des Lebens und daher auch der Liebe und ist besonders dann angegriffen, wenn die Liebe zur Menschheit nicht entwickelt oder falsch eingesetzt wird. Eine kranke Hand weist auf falsches Handeln hin. Das Gehirn ist das Zentrum der Kontrolle, und wenn es geschädigt ist, weist dies auf mangelnde Kontrolle in der Persönlichkeit hin. Wir alle geben bereitwillig zu, wie viele Folgen ein gewalttätiger Wutausbruch oder der Schock unerwarteter schlechter Nachrichten haben kann. Wenn daher triviale Angelegenheiten den Körper beeinflussen können, um wie viel schwerer muss dann die Folge eines seit langem bestehenden Konfliktes zwischen Seele und Körper sein. Kann es uns da noch verwundern, dass die Folge dieses Konflikts zu solch schmerzhaften Beschwerden führt, wie es die heutzutage verbreiteten Krankheiten sind?

Aber dennoch besteht kein Grund zur Niedergeschlagenheit. Die Vorbeugung und Heilung von Krankheit kann dadurch erreicht werden, dass wir den Fehler in uns entdecken und durch die ernsthafte Entwicklung der Tugend ausmerzen, die ihn beseitigen wird. Nicht indem wir das Falsche bekämpfen, sondern indem wir uns von einer solchen Flut der ihm entgegengesetzten Tugend durchströmen lassen, dass er aus unserem Wesen hinausgespült wird.

Kapitel 4

Wie wir sehen, gibt es in Bezug auf Krankheit keinen Zufall, weder in der Art der Krankheit noch in Hinsicht auf den betroffenen Körperteil. Wie alle anderen Wirkungen der Energie folgt Krankheit dem Gesetz von Ursache und Wirkung. Bestimmte Krankheiten können durch physische Mittel verursacht werden, wie zum Beispiel diejenigen, die mit bestimmten Giften, Unfällen und Verletzungen und übermäßigen Exzessen verbunden sind. Aber Krankheit im Allgemeinen ist auf einen grundlegenden Fehler in unserer Konstitution zurückzuführen, wie an den bereits angeführten Beispielen deutlich wurde.

Und daher dürfen nicht nur physische Mittel benutzt werden, um eine vollständige Heilung zu erzielen, wobei man immer die besten Methoden, die der

Heilkunst bekannt sind, verwenden sollte, sondern wir selbst müssen uns auch bis zum Äußersten darum bemühen, den Fehler in uns zu beseitigen, denn die letztendliche und vollständige Heilung geschieht schließlich von innen heraus, aus der Seele selbst, die durch ihre Wohltätigkeit Harmonie durch die Persönlichkeit ausstrahlt, wenn wir dies zulassen.

So wie es eine Hauptursache von Krankheit gibt, nämlich die Selbstliebe, gibt es eine große und sichere Methode der Linderung allen Leidens, nämlich die Verwandlung von Eigenliebe in Nächstenliebe. Wenn wir die Qualität ausreichend entwickeln, uns in der Liebe und Sorge um unsere Mitmenschen zu verlieren, und uns an dem herrlichen Abenteuer erfreuen, Wissen zu erlangen und anderen Menschen zu helfen, bereiten wir unseren Schmerzen und unserem Leid rasch ein Ende. Das große und letztendliche Ziel besteht darin, unsere eigenen Interessen für den Dienst an der Menschheit aufzugeben. Es kommt dabei nicht darauf an, in welche Lebenssituation uns unsere Göttlichkeit gestellt hat. Welchem Beruf oder Geschäft wir auch nachgehen, ob wir reich oder arm, König oder Bettler sind, ist es jedem Einzelnen von uns möglich, die Aufgabe seiner jeweiligen Berufung zu erfüllen und doch ein wahrer Segen für seine Mitmenschen zu sein, indem er ihnen die göttliche Liebe der Brüderlichkeit vermittelt.

Aber die große Mehrheit von uns muss noch einen langen Weg gehen, bevor wir diesen Zustand der Vollkommenheit erreichen können, obwohl es erstaunlich ist, wie schnelle Fortschritte jeder Einzelne machen kann, wenn er sich ernsthaft darum bemüht und unter der Voraussetzung, dass er nicht auf seine eigene, unbedeutende Persönlichkeit allein vertraut, sondern unbedingtes Vertrauen darauf hat, dass ihm durch das Beispiel und die Lehren der großen Meister der Welt die Möglichkeit gegeben wird, sich wieder mit seiner eigenen Seele zu vereinigen, der Göttlichkeit in seinem Inneren, wo alles möglich wird. In den meisten von uns gibt es einen oder mehrere schädliche Fehler, die unseren Fortschritt besonders behindern, und es ist dieser Fehler oder es sind diese Schwächen, die wir in uns suchen müssen. Und während wir danach streben, in uns Liebe für die Welt zu entwickeln, müssen wir uns gleichzeitig bemühen, jeden Fehler dadurch zu beseitigen, dass wir die entgegengesetzte Tugend entwickeln. Dies kann uns zunächst schwer fallen, aber nur am Anfang, denn es ist erstaunlich, wie schnell sich eine Tugend entwickelt, um die man sich wahrhaft bemüht, verbunden mit dem Wissen, dass mit Unterstützung der Göttlichkeit in uns ein Misserfolg unmöglich ist, wenn wir nur durchhalten.

Bei der Entwicklung der universellen Liebe in uns müssen wir lernen, immer mehr zu erkennen, dass jeder Mensch, wie unbedeutend er auch ist, ein Kind des Schöpfers ist, und dass er eines Tages und zur rechten Zeit Vollkommenheit erlangen wird, worauf wir alle hoffen. Wie niedrig ein Mensch oder ein Tier auch erscheinen mag, müssen wir uns daran erinnern, dass es den göttlichen Funken in sich trägt, der langsam, aber sicher wachsen wird, bis die Herrlichkeit des Schöpfers dieses Wesen durchstrahlt. Darüber hinaus ist die Frage von richtig oder falsch, gut und böse, nur relativ. Was für die natürliche Evolution des Eingeborenen richtig ist, wäre für den bewussteren, zivilisierten Menschen falsch, und das, was bei uns sogar als Tugend gilt, könnte bei einem Menschen fehl am Platze und deshalb falsch sein, der das Stadium der Jüngerschaft erreicht hat. Was wir als falsch oder böse bezeichnen, ist in Wirklichkeit nur Gutes am falschen Platz, und daher ist es nur relativ. Erinnern wir uns daran, dass auch unsere Vorstellung von Idealismus nur relativ ist. Den Tieren müssen wir wahrhaftig wie Götter erscheinen, wohingegen wir selbst weit unter der Ebene der großen Weißen Bruderschaft der Heiligen und Märtyrer stehen, die alles gegeben haben, um uns als Beispiel voranzugehen. Wir müssen auch Mitgefühl für die niedrigste Kreatur haben, denn obwohl wir uns selbst als ihr weit überlegen betrachten, sind wir in der Tat ebenso unbedeutend und haben noch eine lange Reise vor uns, um die Entwicklungsstufe unserer älteren Brüder zu erreichen, deren Licht jedes Zeitalter der Welt überstrahlt.

Wenn wir von Stolz ergriffen werden, wollen wir versuchen zu erkennen, dass unsere Persönlichkeit in

Blumen, die durch die Seele heilen

Wirklichkeit völlig unbedeutend ist, unfähig, irgendein gutes Werk oder einen nützlichen Dienst zu tun oder den Mächten der Dunkelheit zu widerstehen, wenn ihr nicht Hilfe durch das Licht von oben zuteil wird, das Licht unserer Seele. Wir wollen uns bemühen, einen flüchtigen Eindruck von der Allmächtigkeit und unvorstellbaren Kraft unseres Schöpfers zu erhaschen, der in einem Wassertropfen eine Welt und unzählbare Universen in Vollkommenheit erschafft, und versuchen wir zu begreifen, welche Demut wir ihm schuldig sind und wie völlig abhängig wir von ihm sind. Wir lernen, unseren menschlichen Vorgesetzten Respekt zu zollen. Wie unendlich viel mehr sollten wir unsere eigene Fehlbarkeit vor dem großen Architekten des Universums mit äußerster Demut anerkennen!

Wenn Grausamkeit oder Hass unseren Fortschritt behindern, wollen wir uns daran erinnern, dass Liebe die Grundlage der Schöpfung ist, dass in jeder lebenden Seele das Gute verborgen ist und dass im Besten von uns noch etwas Schlechtes steckt. Indem wir nach dem Guten in anderen suchen, selbst in jenen, die uns zunächst angreifen, lernen wir zumindest, Mitgefühl und die Hoffnung zu entwickeln, dass sie bessere Wege finden werden. Dann ergibt es sich, dass der Wunsch in uns entsteht, ihnen bei dieser Entwicklung behilflich zu sein. Der letzte Sieg aller wird durch Liebe und Güte errungen werden, und wenn wir diese beiden Qualitäten ausreichend entwickelt haben, wird uns nichts mehr etwas anhaben können, da wir immer Mitgefühl haben und keinen Widerstand leisten, denn durch das Gesetz von Ursache und Wirkung ist es der Widerstand, der Schaden anrichtet. Unser Ziel im Leben ist es, den Befehlen unseres Höheren Selbst zu folgen und uns nicht von anderen beeinflussen zu lassen, und dies können wir nur dann erreichen, wenn wir sanft unseren eigenen Weg gehen, aber gleichzeitig niemals in die Persönlichkeit eines anderen Menschen eingreifen oder ihm durch irgendeine Grausamkeit oder Hass Schaden zufügen. Wir müssen danach streben zu lernen, andere zu lieben, und damit beginnen wir vielleicht bei einem Menschen oder sogar einem Tier und lassen diese Liebe sich entwickeln und immer weiter ausdehnen, bis die ihr entgegengesetzten Fehler von selbst verschwinden. Liebe erzeugt Liebe, so wie Hass Hass hervorbringt.

Die Heilung von Eigenliebe wird dadurch bewirkt, dass wir unsere Sorge und Aufmerksamkeit anderen zuwenden, wobei wir so in ihrem Wohl aufgehen, dass wir uns selbst in diesem Bestreben vergessen. Um es mit den Worten eines großen Ordens der Bruderschaft auszudrücken: »Trost für unseren eigenen Kummer darin zu suchen, dass wir unseren Mitgeschöpfen in der Stunde ihrer Not Linderung und Trost zuteil werden lassen«, und es gibt keinen sichereren Weg, Eigenliebe zu heilen, als mit dieser Methode.

Unbeständigkeit kann durch die Entwicklung von Zielstrebigkeit und Entschlossenheit beseitigt werden, indem man sich zu einer Entscheidung durchringt und entschlossen handelt, anstatt ständig hin- und herzuschwanken. Selbst wenn wir zunächst manchmal Fehler machen, ist es besser zu handeln, als Gelegenheiten zu verpassen, weil wir uns nicht entscheiden können. Unsere Entschlossenheit wird schon bald stärker werden. Die Angst, sich ins Leben zu stürzen, wird verschwinden, und die auf diese Weise gewonnenen Erfahrungen werden uns eine bessere Urteilsfähigkeit verleihen.

Um Unwissenheit zu beseitigen, dürfen wir wiederum keine Angst vor Erfahrungen haben, sondern müssen mit wachem Geist und mit offenen Augen und Ohren alles Wissen in uns aufnehmen, das wir erlangen können. Gleichzeitig müssen wir geistig flexibel bleiben, damit uns unsere Voreingenommenheit und unsere früheren Überzeugungen nicht die Gelegenheit nehmen, neues und umfassenderes Wissen zu sammeln. Wir sollten immer bereit sein, unseren Geist zu erweitern und unsere festen Vorstellungen aufzugeben, wie fest verwurzelt sie auch sein mögen, wenn sich durch eine umfassendere Erfahrung eine größere Wahrheit offenbart.

Wie der Stolz ist auch die Habgier ein großes Hindernis für unseren Fortschritt, und beide müssen erbarmungslos ausgemerzt werden. Die Folgen von Habgier sind in der Tat sehr ernst, denn sie bringen uns dazu, dass wir uns in die Seelenentwicklung unserer Mitmenschen einmischen. Wir müssen erkennen, dass jedes Lebewesen hier auf Erden ist, um seine eigene Entwicklung gemäß den Geboten seiner Seele voranzutreiben, und dass keiner von uns irgendetwas anderes tun darf, als unsere Mitmenschen darin zu unterstützen. Wir müssen ihnen Hoffnung geben und, wenn dies in unserer Macht liegt, ihr Wissen bereichern und ihnen weltliche Gelegenheiten bieten, um diesen Fortschritt zu erzielen. Genauso wie wir uns wünschen, dass uns andere auf dem steilen und schwierigen Gebirgspfad des Lebens behilflich sind, sollten auch wir immer bereit sein, unseren Mitmenschen die Hand zu reichen und die Erfahrung unseres umfassenderen Wissens mit einem Schwächeren oder Jüngeren zu teilen. Dies sollte die Einstellung von den Eltern zum Kind, vom Meister zum Menschen oder vom Kameraden zum Kameraden sein, nämlich, dem anderen Fürsorge, Liebe und Geborgenheit zu schenken, soweit dies nötig und für ihn nützlich ist, und doch niemals auch nur für einen Augenblick in die Evolution der Persönlichkeit einzugreifen, da diese Entwicklung von der Seele bestimmt werden muss.

Viele von uns sind in ihrer Kindheit und ihrer Jugend ihrer Seele sehr viel näher als in späteren Jahren, und wir haben zu dieser Zeit eine klarere Vorstellung von unserer Lebensaufgabe, von dem, was uns erwartet, und dem Charakter, den wir entwickeln sollen. Der Grund dafür besteht darin, dass der Materialismus, die Lebensumstände mit dem Älterwerden und die Menschen, mit denen wir Beziehungen eingehen, uns von der Stimme unseres Höheren Selbst abbringen und uns fest an das Alltägliche mit seinen mangelnden Idealen binden, was in dieser Zivilisation nur allzu offensichtlich ist. Mögen die Eltern, der Meister und der Kamerad immer danach streben, das Wachstum des Höheren Selbst in all jenen zu fördern, auf die einzuwirken sie das wunderbare Privileg und die Gelegenheit haben, aber mögen sie anderen immer die Freiheit lassen, so wie sie hoffen, ihre eigene Freiheit zu behalten.

In gleicher Weise können wir so Fehler in uns selbst entdecken und sie ausmerzen, indem wir die entgegengesetzte Tugend entwickeln, wodurch wir die Ursache des Konflikts zwischen Seele und Persönlichkeit beseitigen, welche die wesentliche Ursache von Krankheit ist. Nur ein solches Verhalten wird Linderung, Gesundheit und Freude bringen, wenn der Patient Vertrauen und Kraft hat, und denjenigen, die nicht so stark sind, wird der Arzt dabei helfen, dasselbe Resultat zu erzielen.

Wir müssen uns aufrichtig darum bemühen, unsere Individualität entsprechend den Geboten unserer eigenen Seele zu entwickeln, keinen Menschen zu fürchten und darauf zu achten, dass sich niemand in unsere

Entwicklung einmischt oder uns von der Erfüllung unserer Pflicht oder unserem Dienst am Nächsten abbringt, indem wir uns daran erinnern, dass wir ein immer größerer Segen für unsere Mitmenschen werden, je weiter wir fortschreiten. Wir müssen uns besonders davor hüten, anderen Menschen bedenkenlos zu helfen, wer immer sie auch sind, um sicher zu sein, dass der Wunsch zu helfen ein Gebot des inneren Selbst und kein falsches Pflichtgefühl ist, das uns durch den Vorschlag oder Überredung einer dominanteren Persönlichkeit aufgezwungen wird. Eine solche Tragödie wurzelt in der modernen Konvention, und es ist unmöglich, die Tausende von eingeschränkten Leben, die ungezählten verpassten Gelegenheiten, den auf diese Weise verursachten Kummer und das Leid, die zahllosen Kinder, die vielleicht aus reiner Pflichterfüllung heraus jahrelang einen invaliden Elternteil betreut haben, wenn die einzige Krankheit, an der dieser litt, die Gier nach Aufmerksamkeit war, zu ermessen. Man stelle sich nur die Heerscharen von Männern und Frauen vor, die daran gehindert wurden, etwas Großes und Nützliches für die Menschheit zu tun, weil ihre Persönlichkeit von einem anderen Menschen unterdrückt und eingeschränkt wurde, von dem sich zu befreien sie nicht den Mut hatten. Man denke nur einmal an die Kinder, die um ihre ihnen zugedachte Aufgabe wissen und ihrer Berufung folgen wollen, und doch durch die Schwierigkeiten der Umstände, durch Abraten anderer und Mangel an Zielstrebigkeit einen anderen Weg einschlagen, wo sie weder glücklich sind noch in der Lage, ihre Entwicklung in der Weise voranzutreiben, wie es ihnen ansonsten möglich gewesen wäre. Es ist allein das Gebot unseres Gewissens, das uns sagen kann, ob wir einem oder vielen Menschen verpflichtet sind und wie und wem wir dienen sollten. Aber was auch immer es sein mag, sollten wir diesem Befehl gehorchen, so gut uns dies möglich ist.

Lasst uns schließlich keine Angst haben, uns ins Leben zu stürzen. Wir sind hier, um Erfahrungen und Wissen zu sammeln, und wir werden nur wenig lernen, wenn wir uns den Realitäten nicht stellen und danach streben, unser Bestes zu tun. Diese Erfahrungen können in jedem Bereich gewonnen werden, und die Wahrheiten der Natur und der Menschheit können genauso wirkungsvoll, ja sogar vielleicht noch besser in einem Bauernhaus auf dem Land als inmitten des Lärms und des Getriebes einer Stadt erlangt werden.

Kapitel 5

Da eine schwach ausgeprägte Individualität (das heißt, das Zulassen von Einmischung in die Persönlichkeit, wobei diese durch solche Eingriffe daran gehindert wird, den Forderungen des Höheren Selbst gerecht zu werden) von so großer Bedeutung bei der Entstehung von Krankheit ist und oftmals bereits sehr früh im Leben beginnt, wollen wir nun die wahre Beziehung zwischen Eltern und Kind, Lehrer und Schüler betrachten.

Im Wesentlichen ist die Elternschaft ein Privileg (und in der Tat sollte man es als ein göttliches Privileg ansehen), einer Seele die Möglichkeit zu geben, mit dieser Seele um ihrer Entwicklung willen in Berührung zu kommen. Wenn man es richtig versteht, gibt es wahrscheinlich keine bessere Möglichkeit, die der Menschheit geboten wird, als die, ein Mittler der physischen Geburt einer Seele zu sein, und für die junge Persönlichkeit während der ersten, wenigen Lebensjahre auf Erden zu sorgen. Die gesamte Einstellung der Eltern sollte darauf abzielen, dem kleinen Neuankömmling jede spirituelle, geistige und körperliche Führung nach ihrem besten Vermögen zuteil werden zu lassen, und sich dabei stets daran zu erinnern, dass das kleine Wesen eine individuelle Seele ist, die auf die Erde kam, um auf ihre eigene Art und Weise und entsprechend den Geboten ihres Höheren Selbst ihre eigene Erfahrung und Wissen zu sammeln, und dabei sollte ihr jede mögliche Freiheit für ihre ungehinderte Entwicklung eingeräumt werden.

Die Elternschaft ist ein göttlicher Dienst und sollte genauso oder vielleicht sogar noch mehr als jede andere Pflicht, zu der wir berufen sind, respektiert werden. Da diese Aufgabe ein Opfer ist, muss man sich immer bewusst sein, dass man für das, was man dem

Kind gibt, nichts zurückverlangen sollte, denn die Aufgabe besteht vollkommen darin, zu geben und dem Kind gütige Liebe, Schutz und Führung zuteil werden zu lassen, bis die Seele die Führung über die junge Persönlichkeit übernimmt.

Unabhängigkeit, Individualität und Freiheit sollten von Anfang an gelehrt werden, und das Kind sollte so früh wie möglich im Leben dazu ermutigt werden, eigenständig zu denken und zu handeln.

Alle Kontrolle vonseiten der Eltern sollte Schritt für Schritt aufgegeben werden, sobald das Kind die Fähigkeit entwickelt hat, sein Leben selbst in die Hand zu nehmen, und später sollten die Eltern den Geboten der Seele des Kindes nicht zuwiderhandeln, indem sie es einschränken oder ein falsches Pflichtgefühl entwickeln.

Elternschaft ist eine Aufgabe im Leben, die von einem auf den anderen übergeht, und im Wesentlichen handelt es sich dabei um das Geben von Führung und Schutz für eine kurze Zeitspanne, wonach sie ihre Bemühungen beenden und dem Ziel ihrer Aufmerksamkeit wieder die Freiheit geben sollte, alleine voranzuschreiten. Wir sollten uns daran erinnern, dass das Kind, für das wir ein zeitweiliger Führer sind, eine viel ältere und höher entwickelte Seele haben und uns spirituell überlegen sein könnte, sodass wir die Kontrolle und den Schutz auf die Bedürfnisse der jungen Persönlichkeit begrenzen sollten.

Elternschaft ist eine heilige Pflicht, die vorübergehender Natur ist und von einer Generation auf die nächste übergeht. Sie bringt nichts als den Dienst am Nächsten mit sich und verlangt keine Verpflichtung der Kinder als Gegenleistung, da ihnen die Freiheit gegeben werden muss, sich auf ihre eigene Weise zu entwickeln und so gut wie möglich gerüstet zu werden, um schon sehr bald dieselbe Pflicht erfüllen zu können. Daher sollte das Kind nicht eingeschränkt werden, man sollte ihm keine Verpflichtungen auferlegen oder es behindern, denn schließlich wissen wir, dass uns die Elternschaft zuvor von unserem Vater und unserer Mutter übertragen wurde und dass das Kind später vielleicht einmal dieselbe Aufgabe erfüllen muss.

Eltern sollten sich besonders davor hüten, die junge Persönlichkeit nach ihren eigenen Vorstellungen oder Wünschen beeinflussen und formen zu wollen, und sie sollten davon absehen, ungebührliche Kontrolle auszuüben oder als Gegenleistung für ihre natürliche Pflicht und ihr göttliches Privileg, das Hilfsmittel für eine Seele zu sein, um in Kontakt mit der Welt zu kommen, einen Gefallen vonseiten des Kindes zu erwarten. Jeder Wunsch nach Kontrolle oder danach, das junge Leben aus persönlichen Motiven zu prägen, ist eine schreckliche Form der Habgier und sollte niemals gebilligt werden, denn wenn sich dieses Verhalten in dem jungen Vater oder in der jungen Mutter festsetzt, wird es später dazu führen, dass sie zu wahrhaften

Vampiren werden. Wenn nur der geringste Wunsch zu dominieren vorhanden ist, sollte man dem von Anfang an entgegenwirken. Wir müssen uns weigern, uns von unserer Habgier versklaven zu lassen, die in uns den Wunsch hervorbringt, andere besitzen zu wollen. Wir müssen in uns selbst die Kunst des Gebens fördern und sie entwickeln, bis wir durch unser Opfer jede Spur von schädlichem Handeln beseitigt haben.

Der Lehrer sollte sich immer bewusst sein, dass seine Aufgabe einzig und allein darin besteht, den jungen Menschen als ein Mittler Führung zuteil werden zu lassen und die Gelegenheit zu geben, etwas über die Welt und das Leben zu lernen, sodass jedes Kind das Wissen aufnehmen und, wenn man ihm die Freiheit lässt, instinktiv entscheiden kann, was es braucht, um sein Leben erfolgreich zu meistern. Deshalb sollte auch hier nichts anderes als die gütigste Fürsorge und Führung gewährt werden, um dem Schüler zu ermöglichen, sich das Wissen anzueignen, das er braucht.

Kinder sollten daran denken, dass die Aufgabe der Elternschaft als Symbol der schöpferischen Kraft eine göttliche Mission ist, aber dass sie keine Behinderung der Entwicklung und keine Verpflichtungen erforderlich macht, die das Leben und die Aufgabe, die ihnen von ihrer eigenen Seele zugedacht ist, hemmen. Es ist unmöglich, in unserer gegenwärtigen Zivilisation das unsägliche Leid zu ermessen, die Einengung der freien Entfaltung der Persönlichkeit und die Entwicklung dominanter Charaktere, die durch die mangelnde Erkenntnis dieser Tatsache hervorgebracht werden. In fast jeder Familie bauen sich Eltern und Kinder Gefängnisse, weil sie völlig falsche Motive und eine falsche Vorstellung von der Beziehung zwischen Eltern und Kind haben. Diese Gefängnisse verhindern die Freiheit, engen das Leben ein, beeinträchtigen die natürliche Entwicklung und machen alle Betroffenen unglücklich, und die geistigen, nervösen und sogar körperlichen Beschwerden, die solche Menschen befallen, bilden in der Tat einen großen Teil der Krankheit unserer Zeit.

Es kann nicht klar genug erkannt werden, dass jede inkarnierte Seele allein aus dem Grund hier auf Erden ist, Erfahrung zu sammeln und Verständnis zu erlangen und die Persönlichkeit in Richtung auf die von der Seele festgelegten Ideale zu vervollkommnen. Egal in welcher Beziehung wir zueinander stehen, ob wir Mann und Frau, Eltern und Kind, Bruder und Schwester oder Herr und Diener sind, versündigen wir uns gegen unseren Schöpfer und unsere Mitmenschen, wenn wir aus egoistischen Motiven heraus die Entwicklung einer anderen Seele behindern. Unsere einzige Pflicht besteht darin, den Geboten unseres eigenen Gewissens zu gehorchen, und dies wird niemals auch nur für einen Augenblick billigen, dass wir eine andere Persönlichkeit beherrschen. Jeder von uns sollte daran denken, dass seine Seele ihm eine bestimmte

Aufgabe zugedacht hat, und dass er, wenn er diese Aufgabe nicht erfüllt, zwangsläufig einen Konflikt zwischen seiner Seele und seiner Persönlichkeit hervorruft, der sich zwangsläufig in Form von körperlichen Beschwerden auswirken wird, auch wenn ihm dies vielleicht nicht bewusst ist.

Es ist wahr, dass sich ein Mensch dazu berufen fühlen kann, sein Leben nur einem anderen Menschen zu widmen, aber bevor er dies tut, sollte er absolut sichergehen, dass dies das Gebot seiner Seele ist und nicht die Beeinflussung durch eine dominierende Persönlichkeit, die ihn dazu überredet hat, oder dass er aufgrund eines falschen Pflichtgefühls irregeleitet wird. Wir sollten auch daran denken, dass wir auf die Welt kommen, um unsere Schlachten zu gewinnen, um uns denjenigen, die uns kontrollieren wollen, stärker zu widersetzen, und jenes Stadium zu erreichen, wo wir durchs Leben gehen und dabei unsere Pflicht ruhig und still erfüllen, uns von keinem anderen Menschen mehr ablenken oder beeinflussen lassen und immer durch die Stimme unseres Höheren Selbst geführt werden. Viele Menschen müssen in ihrer Familie ihren größten Kampf austragen, wo sie sich von der schädlichen Beherrschung und Kontrolle eines nahen Verwandten befreien müssen, bevor sie die Freiheit erlangen, ihre Siege in der Welt zu erringen.

Jeder Mensch, ob Erwachsener oder Kind, dessen Aufgabe im Leben teilweise darin besteht, sich von der dominanten Kontrolle eines anderen zu befreien, sollte an Folgendes denken: Erstens, dass derjenige, der ihn unterdrücken will, in der gleichen Weise betrachtet werden sollte wie ein Gegner im Sport, als eine Persönlichkeit, mit der wir das Spiel des Lebens spielen, ohne die geringste Spur von Bitterkeit, und dass, wenn es diese Gegner nicht gäbe, wir nicht die Möglichkeit hätten, unseren eigenen Mut und unsere Individualität zu entwickeln. Zweitens, dass die wahren Siege des Lebens durch Liebe und Güte errungen werden, und dass in einem solchen Wettkampf keine Gewalt angewendet werden muss. Dass wir, indem wir selbst ständig wachsen, Mitgefühl, Güte und, wenn möglich, Zuneigung – oder noch besser Liebe – für unseren Gegner aufbringen sollten, sodass wir uns mit der Zeit dahin entwickeln, dass wir ungestört dem Ruf unseres Gewissens folgen können, ohne die geringste Einmischung anderer zuzulassen.

Diejenigen, die andere beherrschen, brauchen viel Hilfe und Führung, damit sie die große universelle Wahrheit der Einheit erkennen und die Freude der Brüderlichkeit verstehen können. Wenn man diese Dinge verfehlt, entgeht einem das wahre Glück des Lebens, und wir müssen diesen Leuten helfen, soweit es in unserer Macht liegt. Schwäche unsererseits, die es ihnen erlaubt, ihren Einfluss auszuweiten, wird ihnen in keinster Weise helfen. Eine freundliche Weigerung, sich von ihnen beherrschen zu lassen, und das Bemühen, ihnen die Erkenntnis der Freude des Gebens zu vermitteln, wird ihnen auf ihrem Weg zu einer höheren Entwicklungsstufe behilflich sein.

Das Erlangen unserer Freiheit, die Entfaltung unserer Individualität und Unabhängigkeit wird in den meisten Fällen viel Mut und Vertrauen erfordern. Aber in den dunkelsten Stunden unseres Lebens und wenn der Erfolg beinahe unmöglich erscheint, sollten wir uns daran erinnern, dass Gottes Kinder niemals Angst haben müssen, dass unsere Seelen uns nur solche Aufgaben stellen, denen wir auch gewachsen sind, und dass mit unserem Mut und Vertrauen in die Göttlichkeit in uns der Sieg all jenen sicher ist, die unaufhörlich danach streben.

Kapitel 6

Und nun, liebe Brüder und Schwestern, wenn wir erkennen, dass Liebe und Einheit die großartigsten Fundamente unserer Schöpfung sind, dass wir selbst Kinder der göttlichen Liebe sind und dass der ewige Sieg über alles Falsche und alles Leiden durch Güte und Liebe errungen wird, wenn wir all dies erkennen, wo in diesem schönen Bild sollen wir Praktiken wie die Vivisektion und Tierversuche einordnen? Sind wir noch immer so primitiv, so heidnisch, dass wir immer noch daran glauben, dass wir durch Tieropfer den Folgen unserer eigenen Fehler und Verfehlungen entgehen können? Vor fast 2500 Jahren wies der göttliche Buddha die Welt auf die Falschheit der Opferung niederer Kreaturen hin. Die Menschheit steht bereits in der tiefen Schuld der Tiere, die sie gequält und zerstört hat, und fern von irgendeinem positiven Nutzen, den der Mensch aus solch inhumanen Praktiken ziehen könnte, wird dem Reich der Menschen und der Tiere dadurch nichts als Schaden und Leid zugefügt. Wie weit sind wir im Westen von den wunderbaren Idealen abgekommen, die das alte Indien besaß, als die Liebe für die Lebewesen der Erde so groß war, dass die Menschen nicht nur dazu ausgebildet wurden, die Krankheiten und Verletzungen der Säugetiere, sondern auch der Vögel zu behandeln. Darüber hinaus gab es heilige Stätten für alle Lebensformen, und die Menschen waren so sehr dagegen, eine niedere Kreatur zu verletzen, dass jedem Mann, der auf die Jagd ging, die ärztliche Behandlung versagt wurde, wenn er krank war, bis er geschworen hatte, die Jagd aufzugeben.

Wir wollen nicht schlecht über die Menschen sprechen, die die Vivisektion praktizieren, denn einige von ihnen tun diese Arbeit aus wirklich humanitären Prinzipien heraus, in der Hoffnung und in dem Bestreben, eine Linderung für das menschliche Leid zu finden. Ihre Absicht ist zwar gut, aber es fehlt ihnen an Weisheit und Verständnis für den Sinn des Lebens. Eine gute Absicht allein, wie richtig sie auch sein mag, ist nicht genug. Sie muss mit Weisheit und Wissen verbunden werden.

Die Gräueltaten der schwarzen Magie in Verbindung mit Tieropfern wollen wir hier nicht einmal erwähnen, sondern jeden Menschen nur anflehen, sie als zehntausendmal schlimmer als jede Plage zu meiden, denn schwarze Magie ist eine Sünde gegen Gott, gegen Menschen und das Tier.

Von ein oder zwei Ausnahmen abgesehen, gibt es keinen Grund, sich mit dem Versagen der modernen medizinischen Wissenschaft zu beschäftigen. Zerstörung ist sinnlos, wenn wir kein besseres Gebäude errichten. Und da in der Medizin der Grundstein für das neue Gebäude bereits gelegt ist, wollen wir uns darauf konzentrieren, diesem Tempel einen oder zwei weitere Steine hinzuzufügen. Auch eine negative Kritik an dem Berufsstand der Ärzte von heute ist wertlos. Es ist das System, was in der Hauptsache falsch ist, nicht die Menschen. Denn es ist ein System, das dem Arzt aus rein wirtschaftlichen Gründen nicht die Zeit lässt, eine ruhige, friedliche Behandlung durchzuführen oder ihm die Gelegenheit gibt, die notwendige Zeit für Meditation und die gedankliche Beschäftigung mit dem Patienten zu geben, die das Geburtsrecht derjenigen sein sollte, die ihr Leben dem Dienst an den Kranken widmen. Wie Paracelsus sagte, behandelt der weise Arzt fünf und nicht fünfzehn Patienten pro Tag – ein

Ideal, das für den durchschnittlichen praktischen Arzt in unserem Zeitalter nicht durchführbar ist.

Wir stehen vor der Morgendämmerung einer neuen und besseren Heilkunst. Vor hundert Jahren war die Homöopathie von Hahnemann der erste Sonnenstrahl am Morgen nach einer langen Nacht der Finsternis, und sie könnte in der Medizin der Zukunft eine große Rolle spielen. Darüber hinaus ist die Aufmerksamkeit, die augenblicklich der Verbesserung der Lebensumstände und der Versorgung mit reinerer und sauberer Nahrung gewidmet wird, ein Fortschritt in Richtung auf die Verhütung von Krankheit. Und die Bewegungen, welche die Menschen auf die Verbindung zwischen spirituellen Fehlern und Krankheit sowie auf die Heilung, die durch eine Vervollkommnung des Geistes erzielt werden kann, aufmerksam machen wollen, weisen den Weg zu dem leuchtenden Sonnenschein, in dessen strahlendem Licht die Dunkelheit der Krankheit verschwinden wird. Erinnern wir uns daran, dass Krankheit unser gemeinsamer Feind ist, und dass jeder von uns, der einen Teil davon besiegt, damit nicht nur sich selbst, sondern der ganzen Menschheit hilft. Dafür müssen wir eine bestimmte, aber begrenzte Menge Energie aufwenden, bevor sie völlig besiegt ist. Wir wollen alle auf dieses Ziel hinarbeiten, und diejenigen, die weiterentwickelt und stärker sind als andere, sollen nicht nur ihren Teil dazu beitragen, sondern ihre schwächeren Mitmenschen auch materiell unterstützen.

Blumen, die durch die Seele heilen

Offensichtlich besteht die erste Möglichkeit, die Verbreitung und Zunahme von Krankheit zu verhindern, darin, dass wir aufhören, die Fehler zu begehen, die ihr noch mehr Macht geben. Die zweite Möglichkeit ist, unsere eigenen Fehler in uns auszumerzen, die zukünftiger Krankheit Tür und Tor öffnen. Wenn wir dies erreichen, ist uns der Sieg gewiss. Denn da wir uns selbst befreit haben, haben wir die Freiheit, anderen zu helfen. Und es ist nicht so schwer, wie es zunächst erscheinen mag. Es wird von uns nur erwartet, unser Bestes zu tun, und wir wissen, dass dies jedem von uns möglich ist, wenn wir nur auf die Gebote unserer Seele hören. Das Leben verlangt von uns keine unvorstellbar großen Opfer. Es bittet uns, unsere Lebensreise mit Freude im Herzen zu machen und ein Segen für unsere Mitmenschen zu sein, sodass wir, wenn wir die Welt nur ein bisschen besser wieder verlassen, unsere Aufgabe erfüllt haben.

Wenn wir es richtig deuten, bitten uns die Lehren der Religionen: »Entsage allem und folge Mir«, was bedeutet, dass wir uns den Geboten unseres Höheren Selbst ganz hingeben sollen, aber nicht, wie manche es sich vorstellen, sein Heim und seine Bequemlichkeit, Liebe und Luxus aufzugeben. Dies wäre sehr weit von der Wahrheit entfernt. Ein Prinz eines Königreichs mit allen Herrlichkeiten des Palastes kann tatsächlich ein Gottgesandter und ein Segen für sein Volk, sein Land, ja sogar für die ganze Welt sein. Wie viel hätten wir womöglich verloren, wenn es der Prinz für seine Pflicht gehalten hätte, in ein Kloster einzutreten. Die Aufgaben in jedem Lebensbereich, von den niedrigsten bis zu den höchsten, müssen erfüllt werden, und die göttliche Führung unseres Schicksals weiß, welche Aufgabe sie uns zu unserem größten Vorteil aufgibt. Von uns allen wird erwartet, dass wir diese Pflicht mit Freude und gut erfüllen. Es gibt Heilige, die in einer Fabrik am Fließband stehen oder als Heizer auf einem Schiff arbeiten sowie unter den Würdenträgern religiöser Orden. Von keinem von uns hier auf Erden wird mehr verlangt als das, was in seiner Kraft steht, und wenn wir danach streben, das Beste in uns zur Entfaltung zu bringen und uns immer von unserem Höheren Selbst leiten zu lassen, wird Gesundheit und Glück für jeden Einzelnen erreichbar.

Die westliche Zivilisation hat während des größten Teils der letzten zweitausend Jahre ein Zeitalter des ausgeprägten Materialismus durchlaufen, und die Erkenntnis der spirituellen Seite unserer Natur und unseres Lebens ging in der Geisteshaltung zum großen Teil verloren, die weltlichen Besitz, Ehrgeiz, Verlangen und Sinnesfreuden über die wahren Dinge des Lebens stellt. Der wahre Grund für die Existenz des Menschen auf der Erde wurde durch seine Angst überschattet, aus seiner Inkarnation nichts anderes als weltlichen Gewinn zu ziehen. Es war eine Zeitspanne, in der das Leben sehr schwer war, weil wahrer Trost, wahre Ermutigung und Inspiration fehlte, die mit der Erkenntnis der größeren Dinge als der weltlichen hervorgebracht werden. Während der letzten Jahrhunderte haben die Religionen in vielen Menschen den Eindruck erweckt, weltfremde Legenden zu sein, die für ihr Leben keine Bedeutung haben, anstatt die wahre Essenz ihres Lebens zu sein. Die wahre Natur unseres Höheren Selbst, das Wissen um frühere und zukünftige Leben, unabhängig vom gegenwärtigen, hat nur sehr wenig Bedeutung für uns gehabt, anstatt uns bei jeder Handlung zu führen und anzuregen. Stattdessen haben wir die großen Aufgaben vermieden und versucht, uns das Leben so bequem wie möglich zu machen, indem wir das Überirdische aus unserem Geist verbannt haben und uns nur auf irdische Annehmlichkeiten verlassen haben, um uns für unsere schweren Prüfungen zu entschädigen. Daher sind die berufliche Stellung, der soziale Status, Wohlstand und weltliche Besitztümer in diesen Jahrhunderten zum Hauptziel geworden. Und da all diese Dinge vergänglich sind und nur mit viel Angst und Konzentration auf die materiellen Dinge erhalten werden können, sind wahrer innerer Frieden und Glück der vergangenen Generationen unendlich viel geringer gewesen, als es der Menschheit zusteht.

Wahrer Friede der Seele und des Geistes wird uns zuteil, wenn wir spirituelle Fortschritte machen, und er kann nicht durch Anhäufung von Wohlstand allein erreicht werden, egal wie groß dieser ist. Aber die Zeiten ändern sich, und es gibt viele Anzeichen dafür, dass diese Zivilisation am Übergang vom Zeitalter des reinen Materialismus zu einer Sehnsucht nach den wahren Gegebenheiten und Wahrheiten des Universums steht. Das weit verbreitete und rasch zunehmende Interesse, das heutzutage an spirituellen Wahrheiten besteht, die wachsende Zahl derjenigen, die Informationen über ihre Existenz vor und nach diesem Leben erhalten wollen, die Entdeckung von Methoden, mit denen man Krankheit mithilfe des Glaubens und der Spiritualität besiegen kann, die Erforschung alter Lehren und der Weisheit des Ostens – all dies sind Zeichen dafür, dass die Menschen der heutigen Zeit einen kurzen Blick von der Realität der Dinge erhascht haben. Wenn wir uns daher den Problemen der Heilkunst zuwenden, können wir verstehen, dass auch diese mit dem Wandel der Zeit und der Methoden Schritt halten muss, die sich vom reinen Materialismus ab- und Methoden einer Wissenschaft zuwenden, die auf der Realität der Wahrheit gründet und auf denselben göttlichen Gesetzen basiert, die auch uns beherrschen. Die Heilkunst wird von den rein physischen Behandlungsmethoden am physischen Körper zum spirituellen und geistigen Heilen übergehen, die, indem sie Harmonie zwischen der Seele und dem Geist herstellt, die Ursache für Krankheit beseitigt und dann solche physischen Mittel verwendet, die notwendig sind, um eine vollständige Heilung des Körpers zu erzielen.

Es erscheint durchaus möglich, dass, wenn die medizinischen Berufe diese Tatsachen und Fortschritte im spirituellen Wachstum der Menschen nicht erkennen, die Heilkunst in die Hände der religiösen Orden oder geborener Heiler fällt, die es in jeder Generation gibt, und die nur mehr oder weniger unbeachtet lebten und durch die Einstellung der orthodoxen Mediziner daran gehindert wurden, ihrer natürlichen Berufung zu folgen. Der Arzt der Zukunft wird zwei große Ziele haben. Das Erste wird sein, dem Patienten zu helfen, sich selbst zu erkennen, und ihm seine grundlegenden Fehler, seine Charakterschwächen und Unzulänglichkeiten zu zeigen, die ausgemerzt und durch die entsprechenden Tugenden ersetzt werden müssen. Ein solcher Arzt muss die Gesetze, welche die Menschheit und die menschliche Natur beherrschen, gründlich studiert haben, sodass er bei allen, die ihn konsultieren, die Elemente erkennen kann, die einen Konflikt zwischen der Seele und der Persönlichkeit hervorrufen. Er muss in der Lage sein, dem Leidenden zu raten, wie die erforderliche Harmonie am besten hergestellt werden kann, welche Verstöße gegen die Einheit er nicht mehr begehen darf und welche Tugenden er entwickeln muss, um seine Fehler zu beseitigen. Jeder Fall wird ein gründliches Studium erforderlich machen, und es werden nur diejenigen sein, die einen Großteil ihres Lebens der Erforschung der Menschheit gewidmet haben und deren Herzenswunsch es ist zu helfen, die in der Lage sein werden, diese ruhmvolle und göttliche Aufgabe für die Menschheit erfolgreich zu bewerkstelligen, dem Leidenden die Augen zu öffnen und ihm den Sinn seines Lebens zu offenbaren, und ihm Hoffnung, Trost und Vertrauen zu geben, das ihm ermöglicht, seine Krankheit zu besiegen.

Die zweite Pflicht des Arztes besteht darin, solche Heilmittel zu verschreiben, die dem physischen Körper dazu verhelfen, wieder Kraft zu bekommen, und den Geist darin unterstützen, ruhig zu werden, den Horizont des Patienten zu erweitern und ihn dazu zu bringen, nach Vollkommenheit zu streben, wodurch in der ganzen Persönlichkeit Frieden und Harmonie hergestellt wird. Solche Heilmittel kommen in der Natur vor, wo sie durch die Gnade des göttlichen Schöpfers für die Heilung und den Trost der Menschheit wachsen. Einige dieser Heilmittel sind bekannt, und im Augenblick werden von Ärzten in verschiedenen Teilen der Welt andere gesucht, besonders in Indien, und es besteht kein Zweifel daran, wenn diese Forschungen weiterentwickelt worden sind, dass wir viel von dem Wissen zurückgewinnen, das vor mehr als zweitausend Jahren bekannt war. Und der Heiler der Zukunft wird die wunderbaren Naturheilmittel zur Verfügung haben, die dem Menschen von Gott gegeben wurden, um ihn von seiner Krankheit zu erlösen.

Damit wird die Beseitigung von Krankheit davon abhängen, dass die Menschheit die Wahrheit der unveränderlichen Gesetze unseres Universums erkennt und sich mit Demut und Gehorsam in diese Gesetze fügt, wodurch der Mensch Frieden zwischen seiner Seele und sich selbst herstellt und wahre Lebensfreude und Glück erlangt. Die Aufgabe des Arztes wird darin bestehen, jeden Leidenden darin zu unterstützen, das Wissen dieser Wahrheit zu erlangen und ihn auf die Mittel hinzuweisen, mit denen er Harmonie herstellen kann, ihm das Vertrauen in seine Göttlichkeit zu geben, die alles überwinden kann, und solche physischen Heilmittel zu verordnen, die dazu beitragen werden, die Persönlichkeit zu harmonisieren und den Körper zu heilen.

Kapitel 7

Und nun kommen wir zu dem wichtigsten Problem überhaupt: Wie können wir uns selbst helfen? Wie können wir unseren Geist und unseren Körper in einem Zustand der Harmonie halten, welcher es der Krankheit erschweren oder unmöglich machen wird, uns anzugreifen, denn es ist sicher, dass die konfliktfreie Persönlichkeit immun gegen Krankheit ist.

Als Erstes wollen wir uns mit dem Geist beschäftigen. Wir haben bereits ausführlich die Notwendigkeit besprochen, diejenigen Fehler in uns selbst zu suchen, die verursachen, dass wir uns gegen die Einheit wenden und aus der Harmonie mit den Geboten unserer Seele geraten, sowie die Notwendigkeit, diese Fehler auszumerzen, indem wir die entgegengesetzten Tugenden entwickeln. Dies kann anhand der bereits dargelegten Richtlinien geschehen, und eine aufrichtige Selbstprüfung wird uns die Natur unserer Irrtümer enthüllen. Unsere spirituellen Führer, wahrhaftige Ärzte und enge Freunde sollten in der Lage sein, uns zu helfen, ein genaues Bild von uns selbst zu erlangen, aber die vollkommene Methode, dies zu lernen, besteht in geistigem Frieden und Meditation und darin, dass wir uns in eine solche Atmosphäre des Friedens versetzen, dass unsere Seele in der Lage ist, durch unser Gewissen und unsere Intuition zu uns zu sprechen und uns gemäß ihren Wünschen zu führen. Wenn wir uns nur jeden Tag ein wenig Zeit nehmen, in der wir alleine und an einem Ort sind, der so ruhig wie möglich ist, wo wir ungestört sind und nur ruhig sitzen oder liegen, entweder an gar nichts oder ruhig an unser Lebenswerk denken, werden wir nach einer Weile feststellen, dass uns in solchen Augenblicken große Hilfe beispielsweise in Form von Erkenntnisblitzen und Führung zuteil wird. Wir erkennen, dass die Fragen auf die schwierigen Lebensprobleme unmissverständlich beantwortet werden, und wir werden in die Lage versetzt, vertrauensvoll den richtigen Weg zu wählen. In diesen Zeiten sollten wir den aufrichtigen Wunsch in unserem Herzen tragen, der Menschheit zu dienen und gemäß den Geboten unserer Seele zu wirken.

Wir sollten uns daran erinnern, dass, wenn der Fehler erst einmal gefunden ist, das Heilmittel nicht darin besteht, gegen ihn anzukämpfen, sowie auch nicht in dem Einsatz von Willenskraft und Energie, um das Falsche zu unterdrücken, sondern vielmehr in einer beständigen Entwicklung der entgegengesetzten Tugend. Auf diese Weise werden automatisch alle Spuren des Angreifers aus unserem Wesen entfernt. Dies ist die wahre und natürliche Methode des Fortschritts und des Sieges über das Falsche, die weitaus einfacher und wirkungsvoller ist, als einen besonderen Fehler zu bekämpfen. Gegen einen Fehler zu kämpfen, verstärkt seine Macht, konzentriert unsere Aufmerksamkeit auf seine Gegenwart und verursacht auf diese Weise tatsächlich einen Kampf, und der größte Erfolg, den wir in diesem Fall erwarten können, ist ein Sieg durch Unterdrückung, was völlig unbefriedigend ist, da der Feind immer noch in unserer Nähe ist und in einem schwachen Moment wieder auftaucht. Den wahren Sieg erringen wir dann, wenn wir den Fehler vergessen und bewusst danach streben, die Tugend zu entwickeln, die unser früheres falsches Verhalten unmöglich macht.

Wenn wir beispielsweise einen grausamen Wesenszug haben, können wir uns beständig sagen: »Ich will nicht grausam sein«, und uns auf diese Weise daran hindern, in diese Richtung abzuirren. Aber der Erfolg dieser Methode hängt von der Kraft des Geistes ab und, falls dieser einmal schwach wird, könnten wir für einen Augenblick unseren guten Vorsatz vergessen. Aber wenn wir andererseits wirkliches Mitgefühl für unsere Mitmenschen entwickeln, wird diese Eigenschaft ein für alle Mal Grausamkeit unmöglich machen, denn wir würden jede grausame Handlung aufgrund unserer Nächstenliebe mit Schrecken meiden. Dies hat nichts mit Unterdrückung zu tun, und kein verborgener Feind kann in Momenten, wo wir nicht auf der Hut sind, auftauchen, weil unser Mitgefühl jede Handlung, die einen anderen verletzen könnte, unmöglich macht und aus unserem Wesen ausgemerzt hat.

Wie wir bereits an früherer Stelle gesehen haben, wird die Art unserer körperlichen Krankheiten uns in materieller Weise dazu verhelfen, die geistige Disharmonie auszumachen, welche die grundlegende Krankheitsursache darstellt. Und ein weiterer wichtiger Faktor für den Erfolg ist, dass wir Lebenslust brauchen und unsere Existenz nicht nur als eine Pflicht betrachten, die wir mit möglichst viel Geduld tragen müssen, sondern vielmehr wirkliche Freude am Abenteuer unserer Reise durch diese Welt entwickeln.

Vielleicht ist die Entstehung von Langeweile und der Verlust wahren inneren Glücks eine der größten Tragödien des Materialismus. Er lehrt die Menschen,

Zufriedenheit und Ausgleich für ihre Schwierigkeiten in irdischen Freuden und Vergnügungen zu suchen, und diese können niemals etwas anderes bringen als das vorübergehende Vergessen unserer Schwierigkeiten. Wenn wir erst einmal damit beginnen, unsere schweren Prüfungen durch den bezahlten Spaßvogel kompensieren zu wollen, setzen wir einen Teufelskreis in Gang. Amüsement, Unterhaltung und Oberflächlichkeit sind für uns alle gut, aber nicht, wenn wir ständig auf sie angewiesen sind, um unsere Probleme zu erleichtern. Weltliche Vergnügungen jeder Art müssen in ihrer Intensität ständig verstärkt werden, damit sie ihre Wirkung behalten, und was uns gestern noch begeistert hat, wird morgen zur Langeweile. So suchen wir nach ständig neuen und größeren Aufregungen, bis wir befriedigt sind, und doch können uns diese keine Erleichterung mehr verschaffen. Auf die eine oder andere Weise macht das Vertrauen auf weltliche Unterhaltung aus jedem von uns einen Faust, und obwohl wir dies in unserem bewussten Selbst vielleicht noch nicht in vollem Umfang erkennen, wird das Leben für uns nur wenig mehr als eine zu erduldende Pflicht, und wir verlieren die wahre Lust und Freude am Leben, die das Erbe jeden Kindes sein und bis an unser Lebensende bestehen sollten. Heute haben wir mit den wissenschaftlichen Bemühungen, Verjüngung, Verlängerung des natürlichen Lebens und Steigerung des sinnlichen Vergnügens mittels teuflischer Praktiken zu erzielen, ein extremes Stadium erreicht.

Der Zustand der Langeweile ist verantwortlich dafür, dass wir in uns selbst vielmehr Krankheit zulassen, als dies allgemein erkannt wird. Und da heutzutage die Tendenz herrscht, dass dies bereits sehr früh in unserem Leben geschieht, entstehen auch die damit verbundenen Krankheiten in einem jüngeren Alter. Ein solcher Zustand kann nicht eintreten, wenn wir die Wahrheit unserer Göttlichkeit, unsere Aufgabe in der Welt anerkennen, und dadurch die Freude besitzen, Erfahrung zu sammeln und anderen Menschen zu helfen. Das Gegenmittel gegen Langeweile ist ein aktives und lebendiges Interesse an unserer Umwelt, das Leben während des ganzen Tages zu erforschen, von unseren Mitmenschen und den Ereignissen im Leben zu lernen und die Wahrheit zu erkennen, die hinter allen Dingen steht, uns in der Kunst, Wissen und Erfahrung anzusammeln, zu verlieren, und nach Gelegenheiten Ausschau zu halten, wenn wir diese zum Nutzen eines Mitreisenden anwenden können. Damit geht jeder Augenblick unserer Arbeit und unserer Freizeit mit dem Bedürfnis zu lernen einher, dem Wunsch, wirkliche Dinge, echte Abenteuer und sinnvolle Taten zu erfahren, und indem wir diese Fähigkeit entwickeln, werden wir feststellen, dass wir die Macht wiedererlangen, Freude aus den kleinsten Vorfällen zu beziehen, sowie Ereignisse, die wir früher als alltäglich und lang-

Blumen, die durch die Seele heilen

weilig betrachtet haben, werden zu einer Gelegenheit zu forschen und zu einem Abenteuer. Die wahre Freude finden wir in den einfachen Dingen des Lebens – den einfachen Dingen, weil sie der großen Wahrheit näher sind.

Resignation, durch die wir nur zu einem unaufmerksamen Passagier auf der Lebensreise werden, öffnet unzähligen schädlichen Einflüssen die Tür, die niemals Gelegenheit gehabt hätten, eingelassen zu werden, solange unser tägliches Leben von dem Geist und der Freude des Abenteuers getragen wird. In welcher Situation auch immer wir uns befinden, ob wir ein Arbeiter in einer von Menschen wimmelnden Großstadt sind oder ein einsamer Schafhirte in den Bergen, wollen wir danach streben, die Eintönigkeit in Interesse zu verwandeln, stumpfsinnige Pflicht in eine erfreuliche Gelegenheit, Erfahrung zu sammeln, und den Alltag in ein intensives Studium der Menschheit und der großen, fundamentalen Gesetze des Universums. An jedem Ort gibt es ausreichend Gelegenheit, die Gesetze der Schöpfung zu beobachten, entweder in den Bergen oder Tälern oder unter unseren Mitmenschen. Als Erstes wollen wir das Leben zu einem Abenteuer machen, das unser Interesse fesselt, wo Langeweile nicht länger möglich ist, und aus dem auf diese Weise erlangten Wissen heraus wollen wir versuchen, unseren Geist mit unserer Seele und der großen Einheit der Schöpfung Gottes in Einklang zu bringen.

Eine weitere grundlegende Hilfe für uns besteht darin, jegliche Angst abzulegen. Angst hat in Wahrheit keinen Platz im natürlichen Reich der Menschheit, da die Göttlichkeit in uns, die wir selbst sind, unbesiegbar und unsterblich ist, und wir als Kinder Gottes vor nichts Angst zu haben brauchen – wenn wir dies nur erkennen könnten. In den Zeitaltern des Materialismus nimmt die Angst natürlich in demselben Maße zu, wie die Bedeutung wächst, die wir irdischen Besitztümern beimessen (seien es körperliche Besitztümer oder äußere Reichtümer), denn wenn diese Dinge unsere Welt sind, rufen sie in uns die größte Angst hervor, dass wir eine Gelegenheit verpassen könnten, sie uns anzueignen, da sie so vergänglich, so schwierig zu erlangen und so unmöglich für länger als nur einen kurzen Augenblick zu halten sind. Notwendigerweise müssen wir bewusst oder unbewusst in einem ständigen Zustand der Angst leben, weil wir in unserem inneren Selbst wissen, dass diese Besitztümer uns in jedem Moment wieder genommen werden können und wir sie höchstens für die kurze Dauer unseres Lebens behalten können.

In der heutigen Zeit hat sich die Angst vor Krankheit so stark entwickelt, dass sie zu einer großen Macht geworden ist, Schaden anzurichten, weil sie den Dingen die Tür öffnet, die wir fürchten, und ihnen den Zutritt erleichtert. Diese Furcht ist in Wahrheit das Interesse an uns selbst, denn wenn wir ernsthaft um das Wohlergehen anderer besorgt sind, haben wir keine Zeit, uns vor unseren persönlichen Krankheiten zu fürchten. Zurzeit spielt Angst eine große Rolle dabei, Krankheit zu verstärken, und die moderne Wissenschaft hat ihre Schreckensherrschaft dadurch vergrößert, dass sie ihre Entdeckungen, die bis jetzt doch nichts anderes sind als Halbwahrheiten, der breiten Öffentlichkeit zugänglich macht. Das Wissen um die Bakterien und die verschiedenen Krankheitserreger hat im Geist von Abertausenden von Menschen verheerende Wirkungen hinterlassen, und durch die Furcht, die dieses Wissen in ihnen geweckt hat, sie wiederum anfälliger für Krankheiten gemacht. Obwohl niedrige Lebensformen wie Bakterien im Zusammenhang mit körperlicher Krankheit eine Rolle spielen oder mit ihr verbunden sein können, stellen sie keineswegs die ganze Wahrheit des Problems dar, wie wissenschaftlich oder durch alltägliche Ereignisse gezeigt werden kann. Es gibt einen Faktor, den die Wissenschaft auf einer rein physischen Basis nicht erklären kann, und dies ist der Grund, warum einige Menschen von Krankheit heimgesucht werden, während andere verschont bleiben, obwohl beide derselben Möglichkeit der Infektion ausgesetzt sind. Der Materialismus vergisst, dass es einen Faktor über der physischen Ebene gibt, der im normalen Lauf des Lebens jeden einzelnen Menschen in Hinsicht auf Krankheit schützt oder ihn anfällig macht, um welche Krankheit auch immer es sich dabei handelt. Durch ihre bedrückende Wirkung auf unsere Mentalität, wodurch wiederum Disharmonie in unseren physischen und magnetischen Körpern verursacht wird, ebnet die Furcht dem Eindringen von Krankheitskeimen den Weg, und wenn Bakterien und andere physische Mittel die sichere und alleinige Ursache von Krankheit wären, dann gäbe es in der Tat nur wenig Grund, keine Angst zu haben. Aber wenn wir erkennen, dass sogar während der schlimmsten Epidemien nur ein Teil jener, die der Infektionsgefahr ausgesetzt sind, von der Krankheit heimgesucht werden, und dass, wie wir bereits gesehen haben, die wahre Krankheitsursache in unserer eigenen Persönlichkeit liegt und wir sie unter Kontrolle haben, dann haben wir allen Grund, ohne Furcht und Angst zu leben, in dem Wissen, dass das Heilmittel in uns selbst liegt. Wir können jede Angst vor physischen Mitteln als alleinige Ursache für Krankheit aus unserem Denken verbannen, da wir wissen, dass uns diese Angst nur anfällig für Krankheit macht, und dass, wenn wir uns bemühen, Harmonie in unserer Persönlichkeit herzustellen, wir Krankheit nicht mehr fürchten müssen, als von einem Blitz oder einem Bruchstück eines herabstürzenden Meteors getroffen zu werden.

Nun wollen wir uns dem physischen Körper zuwenden. Wir dürfen niemals vergessen, dass er nur die irdische Wohnstätte der Seele ist, in der wir uns nur für eine kurze Zeit aufhalten, um mit der Welt in Berührung zu kommen zu dem Zweck, Wissen und Erfahrung zu sammeln. Ohne uns allzu sehr mit unserem Körper zu identifizieren, sollten wir ihn mit Respekt und Sorgfalt behandeln, sodass er gesund ist und wir ihn umso länger behalten, um unsere Aufgabe zu erfüllen. Niemals sollten wir auch nur für einen Augenblick lang ganz von ihm in Anspruch genommen oder überängstlich werden, sondern wir sollten lernen, uns seiner Existenz so wenig bewusst wie möglich zu sein und ihn nur als ein Vehikel unserer Seele und unseres Geistes und als Diener zu benutzen, der unseren Willen ausführt. Äußere und innere Reinlichkeit sind von großer Bedeutung. Was das Erstere anbelangt, benutzen wir im Westen zu heißes Wasser. Dies öffnet die Poren und ermöglicht das Eindringen von Schmutz. Darüber hinaus macht der übertriebene Gebrauch von Seife die Hautoberfläche klebrig. Kühles oder lauwarmes Wasser, entweder in Form einer Dusche oder als mehr als einmal gewechseltes Badewasser, entspricht der natürlichen Reinigungsmethode mehr und hält auch den Körper gesünder. Man sollte außerdem nur so viel Seife benutzen, wie notwendig ist, um offensichtlichen Schmutz zu entfernen, und die Seife sollte nach dem Waschen mit frischem Wasser abgewaschen werden.

Innere Reinlichkeit hängt von der Ernährung ab, und wir sollten die Nahrungsmittel auswählen, die rein, gesund und so frisch wie möglich sind, hauptsächlich Früchte, Gemüse und Nüsse. Tierisches Fleisch sollte auf jeden Fall vermieden werden. Erstens, weil sich durch den Genuss von Fleisch physische Gifte im Körper bilden. Zweitens, weil es einen unnormalen und übermäßigen Appetit anregt, und drittens, weil es erfordert, dass wir grausam gegen das Tierreich sind. Um den Körper zu reinigen, sollten wir viel Flüssigkeit zu uns nehmen, wie Wasser und natürliche Weine und Naturprodukte, wobei wir die künstlich destillierten Getränke vermeiden sollten.

Wir sollten auch nicht übermäßig viel schlafen, da viele von uns mehr Kontrolle über sich selbst haben, während sie wach sind, als wenn sie schlafen. Das alte Sprichwort ›Wenn man sich noch einmal umdrehen möchte, ist es Zeit aufzustehen‹, ist eine ausgezeichnete Richtlinie, wann man aufstehen sollte.

Die Kleidung sollte vom Gewicht her so leicht sein, wie es der Wärme angemessen ist. Sie sollte ermöglichen, dass Luft an den Körper kommt, und Sonnenlicht und frische Luft sollten zu jeder Gelegenheit mit der Haut in Berührung kommen können. Wasser- und Sonnenbäder sind der Gesundheit und Vitalität besonders zuträglich.

Bei allem, was wir tun, sollten wir unseren Frohsinn unterstützen, und wir sollten uns weigern, uns von Zweifel und Depression niederdrücken zu lassen. Stattdessen sollten wir uns daran erinnern, dass diese ihren Ursprung nicht in uns selbst haben, denn unsere Seele kennt nur Freude und Glück.

Kapitel 8

Wir sehen also, dass unser Sieg über Krankheit hauptsächlich von Folgendem abhängt: Erstens, der Erkenntnis der Göttlichkeit in unseren Wesen und unserer konsequenten Bemühung, alles Falsche zu überwinden. Zweitens, dem Wissen, dass die grundlegende Ursache von Krankheit in der Disharmonie zwischen der Persönlichkeit und der Seele liegt. Drittens, unserer Bereitschaft und Fähigkeit, den Fehler zu entdecken, der einen solchen Konflikt verursacht. Und viertens, der Beseitigung eines jeden derartigen Fehlers, indem wir die entgegengesetzte Tugend entwickeln.

Die Aufgabe der Heilkunst wird darin bestehen, uns zu dem notwendigen Wissen und den Mitteln zu verhelfen, durch die wir unsere Krankheiten überwinden können, und zusätzlich solche Heilmittel zu verschreiben, die unseren geistigen und physischen Körper stärken und uns eine bessere Gelegenheit geben, sie zu besiegen. Dann werden wir tatsächlich in der Lage sein, Krankheit mit einer wirklichen Hoffnung auf Erfolg an ihrer Wurzel zu bekämpfen. Die medizinische Schule der Zukunft wird sich nicht besonders für die letztendlichen Auswirkungen und Ergebnisse von Krankheit interessieren, noch wird sie den aktuellen körperlichen Erkrankungen allzu große Aufmerksamkeit schenken oder Medikamente und chemische Präparate verschreiben, nur um der Linderung unserer Symptome willen. Sondern vielmehr wird sie ihre Bemühungen darauf konzentrieren, Harmonie zwischen Körper, Geist und Seele herzustellen, da sie um die wahre Ursache von Krankheit weiß und sich bewusst ist, dass die offensichtlichen körperlichen Auswirkungen nur sekundär sind, was zur Linderung und Heilung der Krankheit führt. Und in solchen Fällen, wo die Korrektur des Geistes früh genug herbeigeführt wird, wird die drohende Krankheit nicht zum Ausbruch kommen.

Unter den verschiedenen Arten von Heilmitteln, die verwendet werden, werden diejenigen enthalten sein, die aus den schönsten Pflanzen und Kräutern gewonnen werden, die in der Apotheke der Natur zu finden sind, und zwar solche, die von der göttlichen Schöpfung mit heilenden Kräften für den Geist und den Körper des Menschen versehen worden sind.

Wir unsererseits müssen Frieden, Harmonie, Individualität und Zielstrebigkeit üben und zunehmend das Wissen entwickeln, dass wir unserem Wesen nach göttlichen Ursprungs sind, Kinder des Schöpfers, und daher die Kraft in uns wohnt, Vollkommenheit zu erreichen – wenn wir sie nur entwickeln, was wir schließlich mit Sicherheit tun müssen. Und diese Wirklichkeit muss in uns wachsen, bis sie zum herausragendsten Merkmal unserer Existenz wird. Wir müssen beharrlich Frieden üben, indem wir uns unseren Geist als einen See vorstellen, der immer ruhig bleiben muss, ohne Wellen, ja nicht einmal seine Oberfläche sollte vom Wind gekräuselt werden, um seine Stille zu stören. Allmählich sollten wir diesen Zustand des Friedens entwickeln, bis kein Ereignis des Lebens, kein Umstand, keine andere Persönlichkeit mehr in der Lage ist, unter irgendwelchen Umständen die Oberfläche dieses Sees aufzuwühlen oder in uns Gefühle der Reizbarkeit, Depression oder des Zweifels zu wecken. In physischer Hinsicht wird es uns helfen, wenn wir uns jeden Tag etwas Zeit nehmen, um in Ruhe über die Schönheit des Friedens und den Nutzen der Ruhe nachzudenken, und zu erkennen, dass wir weder durch Sorge noch durch Eile am meisten erreichen, sondern durch ruhiges Denken und Handeln in allem, was wir in Angriff nehmen, erfolgreicher werden. Unser Verhalten in diesem Leben in Übereinstimmung mit den Wünschen unserer eigenen Seele in Harmonie zu bringen und einen solchen Zustand des Friedens aufrechtzuerhalten, dass uns die Prüfungen und störenden Einflüsse der Welt unberührt lassen, ist in der Tat eine große Leistung und bringt uns den Frieden, der mit Verständnis einhergeht. Und obwohl dies zunächst unsere Träume zu übersteigen scheint, liegt es in Wirklichkeit in der Reichweite eines jeden von uns, wenn wir Geduld haben.

Es wird nicht von uns allen verlangt, dass wir Heilige oder Märtyrer oder berühmte Persönlichkeiten sind. Den meisten von uns sind weniger auffällige Pflichten zugedacht. Aber von uns allen wird erwartet, dass wir die Freude und das Abenteuer des Lebens begreifen und die besondere Aufgabe mit Freude erfüllen, die unsere Göttlichkeit für uns bestimmt hat.

Für diejenigen, die krank sind, ist geistiger Frieden und Harmonie mit der Seele die größte Hilfe zur Genesung. Die Medizin und Krankenpflege der Zukunft wird der Entwicklung dieses inneren Zustands des Patienten viel mehr Aufmerksamkeit schenken als heutzutage, wo wir, unfähig den Fortschritt eines Krankheitsfalles mit anderen als materialistischen wissenschaftlichen Mitteln zu beurteilen, mehr an häufiges Temperaturmessen und andere zahlreiche Maßnahmen denken, die die Ruhe und Entspannung von Körper und Geist, die so wesentlich für die Genesung sind, eher stören als unterstützen. Es besteht kein Zweifel daran, dass zumindest bei Beginn unbedeutender Erkrankungen die Krankheit überwunden werden könnte, wenn wir nur ein paar Stunden vollständiger Entspannung erhalten und in Harmonie mit unserem Höheren Selbst gelangen könnten. In solchen Augenblicken müssen wir in uns nur einen Bruchteil dieser Ruhe herstellen, wie durch Christus symbolisiert wurde, als er während des Sturms auf dem See Genezareth befahl: »Friede, sei still.«

Unsere Lebenseinstellung hängt von der Nähe der Persönlichkeit zur Seele ab. Je enger die Verbindung, desto größer ist die Harmonie und der Friede, und je klarer wird das Licht der Wahrheit und das strahlende Glück, das den höheren Ebenen entstammt, leuchten. Diese werden dazu beitragen, dass uns die Schwierigkeiten und Schrecken der Welt nichts anhaben können, da sie ihren Ursprung in der ewigen Wahrheit Gottes haben. Das Wissen um die Wahrheit gibt uns auch die Gewissheit, dass, wie tragisch auch immer einige Ereignisse der Welt erscheinen mögen, sie nur ein vorübergehendes Stadium in der Evolution des Menschen darstellen, und dass sogar Krankheit an sich wohltätig ist und bestimmten Gesetzmäßigkeiten folgt, die dazu gedacht sind, letztendlich Gutes hervorzubringen und den beständigen Druck auszuüben, nach Vollkommenheit zu streben. Diejenigen, die dieses Wissen besitzen, können durch die Ereignisse, die für andere eine so große Last sind, nicht berührt, deprimiert oder erschreckt werden. Alle Unsicherheit, Angst und Verzweiflung verschwinden für immer. Wenn wir nur in ständiger Verbindung mit unserer eigenen Seele, unserem himmlischen Vater bleiben können, dann ist die Welt in der Tat ein Ort der Freude, und kein schädlicher Einfluss kann auf uns ausgeübt werden.

Es ist uns nicht gestattet, die Großartigkeit unserer eigenen Göttlichkeit oder die Macht unseres Schicksals und die glorreiche Zukunft, die vor uns liegt, zu erkennen. Denn wenn dies der Fall wäre, wäre das Leben keine Prüfung und würde keine Bemühung erforderlich machen und es wäre keine Bewährungsprobe. Unsere Stärke liegt darin, zum größten Teil in Unkenntnis jener großartigen Dinge zu leben, und doch das Vertrauen und den Mut zu haben, ein gutes Leben zu führen und die Schwierigkeiten dieser Erde zu meistern. Durch die Verbindung zu unserem Höheren Selbst können wir jedoch die Harmonie aufrechterhalten, die uns ermöglicht, alle weltlichen Widerstände zu überwinden und auf dem rechten Weg zu bleiben, der zur Erfüllung unseres Schicksals führt, unbeirrt durch die Einflüsse, die uns in die Irre führen wollen.

Als Nächstes müssen wir unsere Individualität entwickeln und uns von allen weltlichen Einflüssen befreien, sodass wir unser eigener Meister werden, indem wir nur den Geboten unserer eigenen Seele folgen, und unberührt durch die Umstände oder andere Menschen unser Schiff durch die raue See des Lebens steuern, ohne jemals das Ruder der Rechtschaffenheit zu verlassen oder zu irgendeinem Zeitpunkt das Steuer unseres Schiffes den Händen eines anderen zu überlassen. Wir müssen absolut und vollständig unsere Freiheit erlangen, sodass alles, was wir tun, jede unserer Handlungen – ja sogar jeder unserer Gedanken – seinen Ursprung in uns selbst hat, was uns ermöglicht, allein aus unserem eigenen Antrieb heraus zu leben und freiwillig zu geben.

Unsere größte Schwierigkeit in dieser Richtung liegt womöglich bei den Menschen, die uns in dieser Zeit am nächsten sind, wo die Angst vor der Konvention und falsche Pflichtauffassung so schrecklich ausgeprägt sind. Aber wir müssen unseren Mut stärken, der bei so vielen von uns ausreicht, um sich den scheinbar großen Problemen des Lebens zu stellen, jedoch bei den mehr persönlichen Prüfungen versagt. Wir müssen in der Lage sein, in unpersönlicher Weise zu bestimmen, was richtig und falsch ist, und auch in der Gegenwart von Freunden oder Verwandten furchtlos zu handeln. Wie viele von uns sind Helden in der äußeren Welt, aber Feiglinge zu Hause! Obwohl die Mittel, die verwendet werden, um uns an der Erfüllung unseres Schicksals zu hindern, in der Tat sehr subtil sein mögen, wie die Vorspiegelung von Liebe und Zuneigung oder falsches Pflichtgefühl, Methoden, uns zu versklaven und zu Gefangenen der Wünsche und Bedürfnisse anderer zu machen, so müssen wir uns doch rücksichtslos über sie hinwegsetzen. Was unsere Pflicht anbelangt, müssen wir nur der Stimme unserer eigenen Seele und nur ihr allein folgen, wenn wir uns nicht durch unsere Mitmenschen behindern lassen wollen. Wir müssen unsere Individualität bis zum Äußersten entwickeln und lernen, durchs Leben zu gehen, ohne uns auf irgendjemanden anderen als auf unsere Seele zu verlassen, wenn es um Führung und Hilfe geht, uns unsere Freiheit zu nehmen, um uns jedes erdenkliche Wissen und jede nur mögliche Erfahrung anzueignen.

Gleichzeitig müssen wir darauf achten, dass wir jedem anderen Menschen seine Freiheit gewähren, nichts von anderen erwarten, sondern im Gegenteil jederzeit bereit sein, anderen eine hilfreiche Hand zu reichen, um sie in Zeiten der Not und Schwierigkeiten aufzurichten. Somit wird jede Persönlichkeit, der wir in diesem Leben begegnen, sei dies unsere Mutter, unser Ehemann, Kind, ein Fremder oder Freund, zu einem Mitreisenden, und jeder von ihnen kann in Hinsicht auf die spirituelle Entwicklung auf einer höheren oder niedrigeren Stufe stehen als wir.

Aber wir alle sind Mitglieder einer Gemeinschaft der Menschen und Teil einer noch größeren Gemeinschaft, welche dieselbe Reise mit demselben glorreichen Ziel in Aussicht macht.

Wir müssen in unserer Bestimmtheit zu gewinnen beharrlich sein, den festen Willen haben, den Berggipfel zu erklimmen. Wir wollen es keinen Augenblick lang bedauern, wenn wir einmal einen Fehltritt machen. Kein großer Aufstieg wurde jemals ohne Fehler und Stürze gemacht, und sie müssen als Erfahrungen betrachtet werden, die uns dazu verhelfen, in der Zukunft weniger zu stolpern. Niemals dürfen uns Gedanken an vergangene Irrtümer deprimieren. Sie sind vergangen und vorbei, und das Wissen, das wir auf diese Weise erlangt haben, wird dazu beitragen, eine Wiederholung dieser Fehler zu vermeiden. Beständig müssen wir vorwärts und aufwärts streben, niemals etwas bedauern oder zurückblicken, denn die Vergangenheit selbst einer einzigen Stunde zuvor liegt bereits hinter uns, und die glorreiche Zukunft mit ihrem strahlenden Licht ist immer vor uns. Wir müssen jegliche Angst ablegen. Sie sollte im menschlichen Geist niemals bestehen und ist nur möglich, wenn wir unsere Göttlichkeit aus den Augen verlieren. Sie ist uns fremd, weil wir als Söhne des Schöpfers, als Funken des göttlichen Lebens, unbesiegbar, unzerstörbar und unüberwindbar sind. Krankheit ist scheinbar grausam, weil sie die Strafe für falsches Denken und Handeln ist, was Grausamkeit gegenüber anderen zur Folge haben muss. Daher die Notwendigkeit, Liebe und Brüderlichkeit in unserem Wesen bis zum Äußersten zu entwickeln, da dies Grausamkeit in der Zukunft unmöglich machen wird.

Die Entwicklung der Liebe bringt uns zu der Erkenntnis der Einheit, der Wahrheit, dass wir alle ein Teil der einen großen Schöpfung sind.

Die Ursache all unserer Probleme ist das Selbst und die Getrenntheit, und diese löst sich auf, sobald Liebe und das Wissen um die größere Einheit zu einem Teil unseres Wesens werden. Das Universum ist Gott in objektiver Gestalt, bei seiner Geburt ist es die Wiedergeburt Gottes, bei seinem Ende eine Höherentwicklung Gottes. Dasselbe gilt für den Menschen: Sein Körper ist seine äußere Verkörperung, eine objektive Manifestation seines inneren Wesens. Er ist der Ausdruck seiner selbst, die Verkörperung der Qualitäten seines Bewusstseins.

In unserer westlichen Zivilisation haben wir das berühmte Beispiel, das große Vorbild für Vollkommenheit und die Lehren Christi, um uns zu führen. Er dient uns als Mittler zwischen unserer Persönlichkeit und unserer Seele. Seine Aufgabe auf Erden bestand darin, uns zu lehren, wie wir Harmonie und Kommunion (hier: Verbindung; Anm. des Lekt.) mit unserem Höheren Selbst erlangen können, mit unserem Vater, der im Himmel ist, und wie wir dadurch Vollkommenheit in Einklang mit dem Willen des großen Schöpfers aller Dinge erreichen.

So lehrten auch Buddha und andere große Meister, die von Zeit zu Zeit hinab auf die Erde kommen, um den Menschen den Weg zur Erlangung der Vollkommenheit zu weisen. Für die Menschheit gibt es keinen halben Weg. Die Wahrheit muss anerkannt werden, und der Mensch muss sich selbst mit dem unendlichen Plan der Liebe seines Schöpfers vereinen.

Und so kommt hinaus, meine Brüder und Schwestern, in den herrlichen Sonnenschein des Wissens um unsere Göttlichkeit, und macht euch ernsthaft und beharrlich daran, euch an dem großen Plan, glücklich zu sein und Glück zu verbreiten, zu beteiligen, euch mit der großen Schar der Weisen Bruderschaft zu vereinen, die ihr ganzes Leben dem Ziel widmet, dem Wunsch ihres Gottes zu gehorchen, und deren große Freude im Dienst an ihren jüngeren Mitmenschen liegt.

Anhang

Pflanzennamen in Englisch, Deutsch und Lateinisch

1. Agrimony
   Odermennig
   Agrimonia eupatoria

2. Aspen
   Zitterpappel
   Populus tremula

3. Beech
   Rotbuche
   Fagus sylvatica

4. Centaury
   Tausendgüldenkraut
   Centaurium umbellatum

5. Cerato
   Bleiwurz
   Ceratostigma willmottiana

6. Cherry Plum
   Kirschpflaume
   Prunus cerasifera

7. Chestnut Bud
   Kastanienknospe
   Aesculus hippocastanum

8. Chicory
   Wegwarte
   Cichorium intybus

9. Clematis
   Weiße Waldrebe
   Clematis vitalba

10. Crab Apple
    Holzapfel
    Malus pumila

11. Elm
    Ulme
    Ulmus procera

12. Gentian
    Herbstenzian
    Gentiana amarella

13. Gorse
    Stechginster
    Ulex europaeus

14. Heather
    Schottisches Heidekraut
    Calluna vulgaris

15. Holly
    Stechpalme
    Ilex aquifolium

16. Honeysuckle
    Geißblatt
    Lonicera caprifolium

17. Hornbeam
    Hainbuche
    Carpinus betulus

18. Impatiens
    Drüsentragendes Springkraut
    Impatiens glandulifera

Blumen, die durch die Seele heilen

19 Larch
   Lärche
   Larix decidua

20 Mimulus
   Gefleckte
   Gauklerblume
   Mimulus guttatus

21 Mustard
   Wilder Senf
   Sinapis arvensis

22 Oak
   Eiche
   Quercus robur

23 Olive
   Olive
   Olea europaea

24 Pine
   Schottische Kiefer
   Pinus sylvestris

25 Red Chestnut
   Rote Kastanie
   Aesculus carnea

26 Rock Rose
   Gelbes Sonnenröschen
   Helianthemum nummularium

27 Quellwasser

28 Scleranthus
   Einjähriger Knäuel
   Scleranthus annuus

29 Star of Bethlehem
   Doldiger Milchstern
   Ornithogalum umbellatum

30 Sweet Chestnut
   Esskastanie
   Castanea sativa

31 Vervain
   Eisenkraut
   Verbena officinalis

32 Vine
   Weinrebe
   Vitis vinifera

33 Walnut
   Walnuss
   Juglans regia

34 Water Violet
   Sumpfwasserfeder
   Hottonia palustris

35 White Chestnut
   Weiße Kastanie
   Aesculus hippocastanum

36 Wild Oat
   Waldtrespe
   Bromus ramosus

37 Wild Rose
   Heckenrose
   Rosa canina

38 Willow
   Gelbe Weide
   Salix vitellina

Edward Bach
1886–1936

Immunologe, Bakteriologe, leistete schon zu Beginn des vorigen Jahrhunderts entscheidende Beiträge zum heutigen Gebiet der Psychosomatik. Von Zeitgenossen als »moderner Paracelsus« oder »der Hahnemann unserer Tage« bezeichnet, sah er sein System als Beitrag zur **Medizin der Zukunft,** die körperlichen Krankheiten auf seelischer Ebene vorbeugt.

Bachs Anliegen war es, die Angst vor der körperlichen Krankheit abzubauen und ein einfaches System der seelischen Gesundheitsvorsorge zu schaffen, das nicht nur von medizinischen Fachkollegen, sondern von jedermann gefahrlos zur Selbstbehandlung eingesetzt werden kann.

Biografie in Stichworten

24. September 1886	Edward Bach wird in Moseley bei Birmingham (England) geboren. Seine Eltern haben dort eine Messinggießerei, die Familie ist walisischen Ursprungs.
1903–1906	Bach arbeitet zunächst als Lehrling im väterlichen Betrieb. Schon dort entdeckt er, dass es einen Zusammenhang gibt zwischen den kör-

perlichen Krankheiten der Arbeiter und ihren seelischen Konflikten. Lange überlegt er, ob er Arzt oder Theologe werden soll.

1906–1913 Studium der Medizin in Birmingham und London. Nach der Approbation Tätigkeit als Leiter der Unfallstation am University College Hospital, London. Dann Assistent in der bakteriologischen und immunologischen Abteilung. Hier erforscht Bach die Zusammenhänge zwischen entarteten Bakterienstämmen im Darm und chronischen Erkrankungen. Es gelingt ihm, 7 Bakterienstämme als Impfstoffe aufzubereiten.

1917 Gesundheitlicher Zusammenbruch mit der Diagnose bösartiger Milztumor, Bach wird eine Überlebenszeit von 3 Monaten prognostiziert. Der starke Wunsch, seine Forschungsvorhaben zu Ende zu bringen, lässt ihn die Krise überwinden.

1918–1922 Wieder gesund, arbeitet Bach am London Homoeopathic Hospital. Hier entwickelt er seine Impfstoffe weiter, bereitet daraus homöopathische Nosoden, die sog. Bach-Nosoden. Jeder seiner 7 Nosoden ordnet er spezifische Gemütssymptome der Patienten zu.

1920–1928/30 Eröffnung einer Praxis und eines Labors in London. Bachs Forschungsarbeit konzentriert sich zunehmend auf die Suche nach »reineren« Heilmitteln, und er will die Darmnosoden durch Pflanzen ersetzen. Verstärkte Beobachtung der psychischen Komponenten im Krankheitsgeschehen, Veröffentlichungen der ersten Ergebnisse.

Anhang

Ab 1930–1933 Verkauf der Praxis, um sich ganz auf seine Forschung zu konzentrieren. Bach bereist England und Wales auf der Suche nach geeigneten Pflanzen und entwickelt ein eigenes Herstellungsverfahren, die Sonnenmethode. Die erste Ausgabe seiner bekannten Schrift *Heal Thyself* (»Heile dich selbst«) erscheint. Im Laufe dieser Jahre findet Bach die ersten 19 seiner »neuen Heilmittel« und behandelt mit ihnen erfolgreich viele Patienten. Wegen der Verbreitung seiner Erkenntnisse in Laienkreisen und seiner Zusammenarbeit mit medizinischen Laien bekommt er Probleme mit ärztlichen Standesorganisationen. Bach hält aber an seinen Standpunkten fest. Eine Streichung aus dem Ärzteregister unterbleibt.

1934–1935 Bach lässt sich in Sotwell im Themsetal nieder, wo die meisten der von ihm gefundenen Pflanzen wachsen. Dort entwickelt er weitere 19 Heilmittel, vorwiegend aus den Blüten von Bäumen, und eine weitere Herstellungsmethode: die Kochmethode.

1936 Bach betrachtet sein System als abgeschlossen und sein Werk als vollendet. Er beginnt, seine Therapie und Erkenntnisse auf Vortragsreisen einer breiten Öffentlichkeit bekannt zu machen. Am 27. November des Jahres stirbt er an Herzversagen. Zu seinen Nachfolgern hat er seine langjährigen Mitarbeiter Nora Weeks und Victor Bullen bestimmt. Sie führen Bachs Werk in Sotwell bis 1978 fort und bestimmen ihrerseits die noch heute im Bach Centre tätigen Verwalter und Kustoden seines Werkes.

Blumen, die durch die Seele heilen

Mechthild Scheffer

Mechthild Scheffer, die international bekannte Wegbereiterin der Original Bach-Blütentherapie und Gründerin der Institute für Bach-Blütentherapie, Forschung und Lehre in Hamburg, Wien, Zürich, führte das Werk von Dr. Edward Bach 1981 im deutschen Sprachraum ein und baut es seither systematisch weiter aus. Jahrzehntelang fungierte sie als Repräsentantin des Dr. Edward Bach Centre, England, in Deutschland, Österreich und der Schweiz.

Ihre deutschsprachigen Grundlagenwerke sowie die Ergebnisse ihrer 30-jährigen Forschungstätigkeit sind in viele Sprachen übersetzt.

Schwerpunkt ihrer heutigen Tätigkeit auch als Mitglied des **Bach Foundation Network, Dr. Edward Bach Centre, England,** ist die Lehre und Verbreitung der authentischen Form der Bach-Blütentherapie.

Darüber hinaus gilt Mechthild Scheffers Einsatz vor allem der zeitgemäßen Entfaltung der Bachschen Erkenntnisse und ihrer Integration in zukunftsorientierte Initiativen der Gesundheitsvorsorge.

Adressen

Die Institute für Bach-Blütentherapie,
Forschung und Lehre, Mechthild Scheffer in
den deutschsprachigen Ländern

- Pflege und Förderung der sachgerechten Verbreitung des authentischen Werkes von Dr. Edward Bach
- Beratung in allen praktischen und theoretischen Fragen der Original Bach-Blütentherapie
- Informationsvorträge und Ausbildungsseminare für Selbstanwender, Fachbehandler und Therapeuten
- Nennung von Fachbehandlern und Therapeuten
- Vertrieb von zusätzlichen Arbeitsunterlagen wie Fragebögen, Postern, Kassetten u. Ä. sowie der Standardwerke zur Original Bach-Blütentherapie

Postfach 20 25 51, D-20218 **Hamburg**
Telefon: +49 (0)40/43 25 77 10
Telefax: +49 (0)40/43 52 53
E-Mail: info@bach-bluetentherapie.de

Mainaustr. 15, CH-8034 **Zürich**
Telefon: +41 (0)1/3 82 33 14
Telefax: +41 (0)1/3 82 33 19
E-Mail: bach-bluetentherapie@swissonline.ch

Österreichisch-Deutsche Ärztegesellschaft Dr. med. E. Bach
Börsegasse 10, A-1010 **Wien**
Telefon: +43 (0)1/53 38 64 00
Telefax: +41 (0)1/5 33 86 40 15
E-Mail: bach-bluetentherapie@aon.at

Website: www.bach-bluetentherapie.com

Quellenverzeichnis

»Edward Bach, Forschergeist und Altruismus« © Mechthild Scheffer

»Die Geschichte der Wanderer« aus: Edward Bach, Die heilende Natur. Copyright © 1990 by Wilhelm Heyne Verlag, München.

»Die zwölf Heiler und andere Heilmittel – Einführung«, »Methoden der Dosierung« und »Methoden der Herstellung« aus: Dr. Edward Bach, Gesammelte Werke. Copyright © 4. Auflage 1994 Aquamarin Verlag, Grafing. Abdruck mit freundlicher Genehmigung.

Seiten 29–45 (Mitte) und »Pflanzennamen in Englisch, Deutsch und Lateinisch« (S. 121 f.) mit kleinen Korrekturen aus: Edward Bach, Blumen, die durch die Seele heilen. Copyright © 1980 der deutschsprachigen Ausgabe Heinrich Hugendubel Verlag, München.

»Heile dich selbst« aus: Edward Bach, Die heilende Natur. Copyright © 1990 by Wilhelm Heyne Verlag, München.

»Edward Bach« (Seite 123 ff.): Copyright © by Mechthild Scheffer